YES AND

HOW IMPROVISATION REVERSES "NO, BUT" THINKING AND
IMPROVES CREATIVITY AND COLLABORATION

创意是一场即兴演出

［美］凯利·伦纳德（Kelly Leonard）汤姆·约顿（Tom Yorton）　著

钱峰　译

ZHEJIANG UNIVERSITY PRESS
浙江大学出版社

谨以此书献给第二城市剧团(The Second City)的创始人以及时刻坚定不移地发扬其精神文化的后代艺术家。

致　谢

作者要感谢以下诸位：

维奥拉·斯柏林（Viola Spolin）、保罗·西尔斯（Paul Sills）、伯尼·萨林斯（Bernie Sahlins）、霍华德·埃尔克（Howard Alk）、谢尔顿·帕汀金（Sheldon Patinkin）、马丁·德·马特（Martin de Maat）、乔伊斯·斯隆（Joyce Sloane）、谢里尔·斯隆（Cheryl Sloane）、纳特·杜福特（Nate DuFort）、詹娜·德嘉（Jenna Deja）、莫妮卡·威尔逊（Monica Wilson）、罗宾·哈蒙德（Robin Hammond）、艾利森·赖利（Alison Riley）、乔·拉夫纳（Joe Ruffner）、黛安娜·格里芬（Dionna Griffin）、杰里米·史密斯（Jeremy Smith）、贝司·克里格曼（Beth Kligerman）、阿比·马杰（Abby Mager）、马特·霍夫德（Matt Hovde）、蒂姆·梅森（Tim Mason）、史蒂夫·瓦尔汀（Steve Waltien）、克里斯蒂娜·安东尼（Christina Anthony）、瑞安·伯尼尔（Ryan Bernier）、比利·邦戈罗（Billy Bungeroth）、米克·内皮尔（Mick Napier）、黛安娜·亚历山大（Diane Alexander）、蒂娜·菲（Tina Fey）、杰夫·里奇蒙（Jeff Richmond）、史蒂夫·费希尔（Steve Fisher）、皮特·坎宁安（Peter Cunningham）、哈尔·刘易斯（Hal Lewis）、勒妮·弗莱明（Renee Fleming）、亚历山德拉·戴（Alexandra Day）、安东尼·弗罗伊德（Anthony Freud）、杰夫·嘉林（Jeff Garlin）、迈克尔·刘易斯（Michael Lewis）、艾略特·马斯（Elliot Masie）、贝琦·迈尔斯（Betsy Myers）、迪

克·科斯特罗（Dick Costolo）、马克·普费弗博士（Dr. Mark Pfeffer）、埃里克·提斯林（Eric Tsytsylin）、丹尼尔·平克（Daniel Pink）、艾德丽安·克尔温（Adrienne Kerwin）、阿兰达·库恩（Alanda Coon）、莱恩·斯图尔特（Len Stuart）、埃里克·斯皮兹纳戈尔（Eric Spitznagel）、霍普·赫德森（Hope Hudson）、斯蒂芬妮·兰德（Stephanie Land）和霍里斯·埃姆鲍奇（Hollis Heimbouch）。

凯利（Kelly）和汤姆（Tom）要感谢安德鲁·亚历山大（Andrew Alexander），谢谢他让我们写这本书，并提醒我们以即兴表演者的角色去管理和领导。

凯利要感谢他的父亲罗伊（Roy）和母亲希拉（Sheila），谢谢他们对自己的剧院工作生涯说"是的，而且"；也感谢安妮·黎巴拉（Anne Libera）教会他这项重要的工作技能，并指导他做得更好。

汤姆要感谢他的父亲吉姆（Jim）和母亲玛丽·约顿（Mary Yorton），正是因为他们的坚定、开朗和乐观，他才能有这样伟大的梦想；感谢他的妻子玛丽亚（Maria），在别人都认为他是疯了才重新回归艺术的时候，是她给予了鼓励；感谢他的儿子肖恩（Shane）和威尔（Will），是他们鼓励他持续学习、不断挖掘自己。

前言

　　我们有着不错的工作，我们与行走在这颗星球上的一代又一代最有趣、最富有创造力的人一起共事，我们的公司占据着行业领导者的地位，我们的产品充满了创造力、智慧和笑声。

　　然而有时候，我们讨厌自己的工作。

　　每个人都会这样。

　　但是根据我们的经验，我们对工作产生厌恶的次数要比其他人少得多，而且每当我们工作得开心或者不开心的时候，我们总能找出是哪些关键因素在起作用。

　　作为即兴表演者，工作时是我们最有幸福感和成就感的时候。当我们谨遵即兴表演的几大成功要素的时候，我们能够快速、有效地迸发出创意；我们与同事的关系会更加紧密；我们与客户的互动更加丰富或持久;我们能够以更加沉着的姿态抵抗大风浪;我们也不会因为害怕失败而在工作时备感压力。当我们完全进入即兴表演者的模式时,我们会变成更好的领导者亦或追随者;同样,我们也会听到以前没有听到的东西,因为那一刻我们是如此全神贯注地在倾听。

当我们表现得像一名即兴表演者的时候,我们的生活和工作得到了很大的改善。我们相信你们也可以。这就是为什么我们想要分享自己的故事,这也是我们写这本书的原因。

我们不是即兴表演主义的创造者,我们也不是什么大师;我们不是第二城市剧团①的培训课导师,也没有在剧中担任主演。但是多年来,我们一直随第二城市一起,向人们展示即兴表演的训练是如何能够提高他们的创新力、创造力和自信的,从而帮助他们更好地从事自己的工作。我们两个人有着完全不同的职业背景,但是我们各自在第二城市见证了足够多的案例,所有案例都证明了同一个结果:这个东西真的有用,这个东西适用于各种各样的平台。

凯利在第二城市剧团长大。20 世纪 80 年代后期,迈克·迈纳斯(Mike Meyers)和邦尼·亨特(Bonnie Hunt)都还只是在芝加哥舞台上演出的无名小辈,而当时的凯利正在剧院里干着洗盘子、给观众安排座位的活儿。一开始凯利只是把在第二城市剧团的这份工作当做他成为世界著名剧作家的一个跳板[大概 20 年前,大卫·马梅(David Mamet)也在这个剧院干过相同的工作],结果后来却越来越像一名企业家。1990 年,凯利进入票房部门工作后,他就通过一系列的变革来优化产品的市场定位、改善顾客服务——尽管公司起初并不愿意采纳这些变革

---

① 第二城市剧团(The Second City)是美国的即兴喜剧团。位于美国中部城市芝加哥,由芝加哥大学几个很有表演天分的学生在 20 世纪 50 年代末创立,前身是"指南针剧团",是一个融合了歌舞并主要在餐厅和夜总会做即兴表演的喜剧团。1959 年,"指南针剧团"正式变为"第二城市剧团",并在芝加哥"老城区"扎下根来。——编者注

措施。1992年,26岁的凯利升职为第二城市的助理制作人。然而,当时这家举世闻名的剧团却一直遭人诟病,外界批评它偏离了艺术的轨道。因此,凯利开始为其寻找新的表演人才。一些当时还很年轻、尚未有名气的喜剧演员和作家都在那个新人才库名单中,如斯蒂芬·科尔伯特(Stephen Colbert)、史蒂夫·卡莱尔(Steve Carell)、蒂娜·费(Tina Fey)。2001年,凯利担任了第二城市剧团执行副总裁一职。就此,他为剧团拿到了与诸如挪威邮轮(Norwegian Cruise Line)①等公司的新的艺术和商业合作机会,并与美国各地区剧院谈成合作,联合创造原创喜剧,力促与芝加哥歌剧院及哈伯德街舞俱乐部(Hubbard Street Dance)②的合作,共创混合式商业艺术盛事。

　　而汤姆曾经的工作是广告和市场营销,在2002年初加入第二城市前,他曾替广告代理商工作,也曾做过一些客户端的市场销售。但这些工作远不能满足他创造力的发挥,因此在得到经营第二城市剧团传媒部的工作机会后,他就立刻跳槽到了这个剧团。当时第二城市的计划是将传媒部转型成一个广告代理机构,汤姆因此赢得了这场“选美赛”。但是,这期间发生了一件有趣的事情:我们终于搞明白如何成为一家与众不同的广告机构,使自己相比传统的广告代理,更能为第二城市具有核心竞争力的短喜剧和即兴表演寻找创新性的新合作。本书之后会有详细叙述,但可以这样说,汤姆依然做着他一直在做的事情(找办法赢得观众的心),只不过他使用了一种不同的途径。

　　大量的证据表明我们的工作不仅具有革命性,革命本身也已经发生了。我们无法再对这个事实视而不见,因此决定一起写这本书。我们是在2014年2月23日写的这个前言,也就在同一天,《纽约时报》

---

　　①　挪威邮轮是一家邮轮公司,成立于1966年,总部设在美国佛罗里达州戴德县。——编者注

　　②　哈伯德街舞俱乐部是一家美国的街舞舞蹈公司,其总部设在芝加哥。——编者注

（*New York Times*）发表了托马斯·弗里德曼（Thomas Friedman）的一篇文章，文章描述了谷歌公司在招聘员工时所看重的品质，其中包括"随机应变的能力"、愿意"放弃权力"、乐意"为他人创造贡献的空间"以及"学习如何从失败中学习"。

这些正是一个即兴表演者所拥有的品质，而这些品质是可以通过学习获得的。饮食和锻炼是保持身体健康的关键——这是一个常识；而即兴表演就像是你职业发展路上的瑜伽训练——它是一种扎实、强固的锻炼，能够提高你的情商，教你跳出紧张、不舒适的圈子，帮助你成为更具魅力的领导者和更具合作精神的追随者。更棒的是，这些品质完全可以从办公室转移到你的生活中。即兴表演给你带来的好处，可以延伸到你与你的合作伙伴、家人或朋友之间的关系。

第二城市训练中心的前艺术总监安妮·黎巴拉（Anne Libera）在每次开始即兴表演训练前，都会对学生说这样的引导词："这个训练会改变你的生活。"当然，它已经让我俩的生活变得更好了。我们也听到许许多多客户的故事，他们认为正是自己的即兴表演技术帮助他们建立了有效的团队、打破禁锢、培养创造力、激励创新，因此，我们相信即兴表演也能改变你的生活。

所以，坐下来，拆颗糖果放嘴里，同时关掉手机，克制住自己不要拍照和录像。现在，我们要带你俯瞰波托马克河（Potomac River）①的胜地。

---

① 波托马克河是美国东部的主要河流之一，全美第 21 大河流。——编者注

YES, AND 目录

1 幽默是一门生意
/ 001

2 是的,而且:如何无中创有
/ 019

3 如何建设一个团体
/ 047

4 合作创作的故事——观众也想要参与
/ 077

5 改变很难,喜剧和即兴表演能让它变得容易
/ 105

6 利用失败
/ 133

7 跟随追随者
/ 159

8 倾听
/ 185

结束语
我们用"是的,而且"方法写这本书的时候发生了什么 / 201

附录
第二城市即兴表演练习 / 207

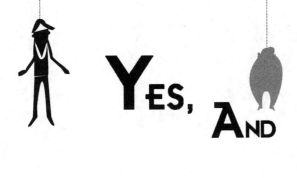

第 1 章

幽默是一门生意

Y_{ES}, A_{ND}

位于弗吉尼亚利斯堡（Leesburg，Virginia）的兰斯登会议中心（Lansdowne Conference Center）是一个举行商务会议的好地方，这个坐落于哥伦比亚特区的葡萄酒都，有着酒店式的玻璃墙和砖墙外观，附带两个高尔夫锦标赛球场，但是没有人会想到它竟然还是一个喜剧表演的胜地。在过去 13 年中的每年 1 月份，兰斯登都笑声爆棚，这些笑声正是第二城市剧团的演员带来的，他们来弗吉尼亚的原因听起来是如此不可思议：帮助大约 100 名美国职业棒球大联盟的新手适应大联盟生活非同一般的挑战。

这些挑战涉及方方面面，且对那些扔不出或击不中时速达 95 英里的快球的普通大众来说是相当特殊的，它们包括：如何有效地处理好与俱乐部会所的前辈及贪婪的媒体大军之间的关系？如何应对飞来横财？如何平衡工作与生活？如何抵制兴奋剂的诱惑，应付咄咄逼人、求签名的粉丝，以及体育界集团犯罪带来的恶劣影响？这些都是职业运动员常须面对的典型事务，却不是典型的喜剧素材。

但是职业棒球大联盟和大联盟球员协会了解他们的球员（大多数年龄在 20 岁左右，年少气盛，浑身散发着青春荷尔蒙的气息），也正是因为这份了解，他们知道要想教会他们重要的生活技能，让这群新手在棒球场上拥有长久而辉煌的成就,讲台上的教学和课堂里的批评改正并不是一种有效的方式。因此,他们做了一个看起来不可能的决定——邀请第二城市剧团的优秀表演者来给他们上课。第二城市的表演者在为期4天的课程里,表演了基于真实棒球场景写成的喜剧片段,鼓励大家围绕这些片段展开颇有成效的交谈[第二城市的团友、临床心理学家凯特·波特菲尔德(Kate Porterfield)医生也参加了交谈],传授基于即兴表演的交流技巧。总体来说,他们俘获了棒球手——这批难以讨好的观众。与这样一群喜剧演员和即兴表演导师相处一段时间之后,这些棒球手可以更好地去维护自己的职业生涯。不过,虽然我们在这次会议期间的工作既欢乐又有趣,但对方邀请我们的目的并非只是娱乐观众。我们被邀请至此,是为了以喜剧的形式带进一些严肃的生活话题,让年轻的运动员受到鼓励,并教授他们一些重要的交流技巧,帮助他们去应对那些我们鲜少有人能真正理解的情况。第二城市剧团知道,一个配备了即兴表演这一工具的人,在处理职业生涯中自然出现的各种困难情况时,会有即时的优势——这也是职业棒球大联盟球员所学到的。例如,当一个八竿子打不着的表亲来向你借钱开一家黑胶唱片店时,年轻的棒球手就可以用学到的即兴表演技术去缓和、转移他的注意力;同样地,当遇到难搞的职员或者抱怨的顾客,你可以用相同的一套方法去改变他们的态度。最基础的即兴表演,能让你及时迅速做出反应;即使只掌握了一点点,它也能让你利用喜剧性的调剂去缓和可能发生的尴尬冲突。

　　让他们大笑,让他们思考。这不仅对于棒球新手来说是一个成功公式,根据第二城市剧团过去30年里的经验,这个公式对教育改革者、邮轮主管以及无数其他职业工作者同样适用。第二城市这套令人称道的剧团教学方法正以一种新的形式应用于21世纪的前沿商务培训项目。但是,我们并不仅仅是提供一个改善交流的工具。我们介绍了一整套全新的创造、创新技能组合，这套技能已被证明能释放个体和团队的创造力，使他们更容易去测试那些创造性的想法，并将其投之于市场。

随着第二城市与商界人士的合作逐渐增多，我们越来越了解到，抛开所有的计划、过程、控制和管理，商业就是一场大型的即兴表演。任何一个在公司工作或经营公司的人都知道，你的许多时间和精力都会用于处理计划之外或者意料之外的事务，处理"诡计"和"灰色地带"这些企业工作中典型的东西。

这本书就是为你写的，它可以帮助你建立你将需要的工具，去面对这个充满挑战的现实。

幽默是一门生意

或许我们的喜剧团和我们合作过的公司并非像同父异母的兄弟般相近，但是我们有许多需求和优先事项是一样的。我们所在的团队都必须顶着高度的压力，适应各种变化和新信息，适应瞬息万变的环境。公司必须创造和创新（否则就会死亡），而在舞台上的每个夜晚，我们也同样如此，我们都对我们所服务的观众负有最终责任。与我们的企业客户一样，我们也必须寻找并培养新的人才，以保证我们的业务能够不断增长并长期保持活力。我们面对着部门内部及各部门之间的隔阂，但是这种隔阂能在更高程度的互动和合作中消除。如果销售目标没有达到，或者竞争对手偷走了一个客户，又或者新品发布毫无效果，我们会和别人一样，出于害怕而放弃自己最佳的做法。我们的客户名单还在继续增加，这让许多人惊讶，而最惊讶的反而可能是公司的创始人们。他们不会想到，这家小小的卡巴莱（Cabaret）①剧院一直以来只服

---

① 卡巴莱是一种歌厅式音乐剧，通过歌曲与观众分享故事感受，演绎方式简单而直接。——编者注

务于芝加哥大学的知识分子和当时生机勃勃的反主流文化运动，而它这套激进的实践操作竟然会在某一天被搬到那些他们在 20 世纪 50 年代末 60 年代初依然在质疑和挑战着的机构身上。

第二城市起初设在一家经改造的唐人洗衣店里，并于 1959 年 12 月的一个下雪的晚上首次开张营业。那晚在场的观众中，鲜有人会想到，自己光临的这个小剧院会在接下来的半个世纪作为前沿喜剧艺术的主要发源地。今天，我们理所当然地认为，无论是怎样的舞台或屏幕，原创喜剧都有表达自我的空间。但是，想要了解第二城市剧团成立在当时是多么激进的一件事，我们需要先知道当时的文化和艺术背景。

"我的妻子会买任何标记着降价的东西，去年她买了一部电梯。"这就是 20 世纪 50 年代末期流行喜剧的口味。亨尼·扬克曼（Henny Youngman）、杰克·本尼（Jack Benny）、乔治·伯思斯（George Burns）、露西尔·鲍尔（Lucille Ball）、杰基·格利森（Jackie Gleason），所有这些人都是非常幽默的传奇式喜剧演员，但是他们中没有一个人是讽刺家。他们的喜剧扎根于人际关系和家庭动力学①内在的幽默，从来不是庸俗的或带有政治性的。然而，到了 20 世纪 50 年代后期，新一代的喜剧演员出现在舞台上，如兰尼·布鲁斯（Lenny Bruce）、莫特·赛赫勒（Mort Sahl）和迪克·格雷戈里（Dick Gregory），这些人之后成了 20 世纪 60 年代反主流文化运动的一部分，他们在芝加哥的"凯利先生"（Mister Kelly's）②、"煤气灯"（The Gaslight）③俱乐部，旧金山的"饥饿的我"

---

① 家庭动力学理论起源于 20 世纪 50 年代，是把家庭作为一个互动的系统，分析以家庭为背景的个人健康问题，解析家庭成员之间的相互作用。——编者注
② "凯利先生"是一家在芝加哥北冲街 1028 号的夜总会，从 1957 年到 1975 年一直在营业。——编者注
③ "煤气灯"位于纽约曼哈顿区的格林尼治村附近。也被称为"煤气灯村"，它于 1958 年开业，成为引人注目的民间音乐和其他音乐行为场所，于 1971 年关闭。——编者注

(Hungry I)①、"北海滩"(North Beach)夜总会,以及纽约的"苦难终局"(The Bitter End)②和"双重"(The Duplex)这些俱乐部演出。这批单口相声表演者的声音,代表了一类全新的喜剧形式。他们公开地谈论性、种族和政治,兰尼·布鲁斯甚至还因为在舞台上使用污秽语言而被逮捕入狱。在这场反主流文化运动之前,主流喜剧大多被看作一种娱乐消遣——几乎不会有人认为它会是促进社会和政治变化的艺术运动的一部分。

第二城市剧团的创始人、毕业于芝加哥大学的保罗·西尔斯(Paul Sills)、伯尼·萨林斯(Bernie Sahlins)和霍华德·埃尔克(Howard Alk),一开始主要从形式和内容两条重要的战线突破原有喜剧形式。他们创造了喜剧艺术的一种新形式,而这一整套都基于西尔斯的母亲维奥拉·斯柏林(Viola Spolin)在一个项目做社工时所教的一类即兴游戏。那个项目在芝加哥北部,由公共事业振兴署(WPA)③赞助,而该类游戏的设计目的是为了帮助移民孩子融入到他们的新文化中。从内容上来说,这些艺术家使用喜剧作为一种挑战现状的方式。他们结合了两种元素来直接反映艾森豪威尔④时代,那是他们眼中的奉从者时代——智力不足、道德破产,这种观点常常震惊观众。他们所创造的喜剧立足于事实,而非拙劣的模仿或者夸张表演,他们在舞台上塑造的行为是真实可辨的。

---

① "饥饿的我"原先是在旧金山北海滩的一个夜间俱乐部,它由 Eric "Big Daddy" Nord 创立,又于 1950 年卖给了 Enrico Banducci。——编者注

② "苦难终局"是一家坐落在纽约的格林尼治村,能容纳 230 人的夜总会、咖啡馆和民间音乐店。——编者注

③ WPA,Works Progress Administration,大萧条时期美国总统罗斯福实施新政时建立的一个政府机构,以助解决当时大规模的失业问题,是新政时期(以及美国历史上)兴办救济和公共工程的政府机构中规模最大的一个。——编者注

④ 德怀特·戴维·艾森豪威尔(Dwight David Eisenhower),美国第 34 任总统,1953—1961 年在任。——编者注

　　例如,在 1961 年第二城市剧团经典剧目《家庭团聚》(*Family Reunion*)中,搬家到芝加哥的儿子沃伦在公寓迎来了他的父母,沃伦与他的室友泰德合租在这个公寓已经 12 年了。这个公寓的每种迹象都表明在这里住的是一对已婚伴侣,但沃伦的父母就是察觉不到。沃伦最后鼓足勇气告诉他父母真相:

　　　沃伦:我有一些事情想告诉你们,是关于我自己的。我希望你们会想听到我的一些事情,我是——我——泰德是一个同性恋。
　　　父亲:噢,沃伦,我很高兴生活在这个城市教会了你容忍。

　　1961 年的舞台上出现这一幕时,观众是震惊的,但是它却开启了一种融合了个人和政治的新喜剧形式。

　　形式和内容在第二城市剧团是相互联系的,如此显得更有力量。在即兴表演艺术形式下,演员也是作家,他们与同团队的成员一起创作内容,与此同时也与观众保持持续的对话互动。除此之外,他们遵守着这个领域的一句俗语:"幽默是因为真实。"(It's funny because it's true.)这句话督促着他们从那些带给他们欢乐或者让他们彻夜难眠的个人经历中提取内容,再与观众分享真实的感觉和自己的见解。对于第一代第二城市艺术家而言,即兴表演变成了一个表达自我的新喜剧工具,与以往有过的任何形式都不一样。这个工作是有趣而坦诚的,而它处理的却常常是最严肃的话题,因此也是具有革命性的。

　　在接下来的半个世纪,第二城市剧团继续挑战传统,并进一步发展其教学方法、工具和技术,它成了一个招贤纳士、富于创造的信标,吸引了许许多多这个国家最有前景的未来喜剧之星——从比尔·默里(Bill Murray)到吉尔达·拉德纳(Gilda Radner),从约翰·坎迪(John

Candy)到约翰·贝卢氏(John Belushi),从史蒂夫·卡莱尔(Steve Carell)到蒂娜·菲,每一个演员都在本地或巡演的课堂及舞台上磨砺着自己的技能。但是,在这个过程中,其他类人士也开始找到第二城市——经理人、市场营销人、教师、律师、广告经理人以及商学院毕业生,甚至连政客和日间电视节目主持人也通过各种途径来到入门阶段的即兴表演课堂。每个工作日的晚上和周末,他们便坐满了第二城市剧团的教室。奥普拉·温弗雷德(Oprah Winfrey)在第二城市的同班同学可能不会意识到,她在20世纪80年代前来参加即兴表演培训时,其目的可能远不止于当上《周六夜现场》(*Saturday Night Live*)①的主播。

　　尽管这些人当中有许多只是把第二城市剧团的课程当做娱乐消遣,或是为了结交朋友,但是他们很快就明白,第二城市剧团能带给这个世界的不只是娱乐。不管他们是希望能更快地创新,或者寻找表演优势,还是希望在自己的业务部门提高团队合作,变成更好的主持者,或者学习如何适应每个商业领域都避免不了的变化,他们都会发现,第二城市基于即兴表演的培训是建立一些必备技能的有效途径,而这些技能决定了你是企业世界里的明星还是失败者。我们这个小小的剧院,声誉建立于对战权威人物和挑战"老大哥",却能成为一个"老大哥"学习如何发展职业的地方,对此我们感到震惊、讶异以及非常出乎意料。致力于企业学习的智囊团、马斯中心(MASIE Center)的首席执行官和创始人艾略特·马斯(Elliot Masie)认为,这是缘于传统商学院课程的一个空白。正如他向我们解释的:"这就像是给一个房间注满真实和信任,而不只是声响和噪音。笑声就是真实和信任的一部分。商学院没有教授学生的一点就是笑声和幽默的作用,但是我想不出来有哪

---

　　① 《周六夜现场》,美国一档于周六深夜时段直播的喜剧小品类综艺节目。——编者注

个重要的合同、收购、销售或者大事件——比如我进行的任何招聘或解雇——的完成是没有带一些幽默或笑声的。"

因此，在与企业客户以一种特殊却日益成功的方式合作多年后，我们决定在公司内部建立一个分支机构专门负责与企业界的合作。1989年，第二城市喜剧市场组成立，之后改名为第二城市传媒部。虽然这个部门的成立初衷是作为公司的企业娱乐部门，但是在过去10年里，随着待处理的讯息越来越多，工业、技术和市场的变化越来越快，工作环境的波动越来越剧烈，对于透明度和顾客互动的要求也在不断更新，职业个体和团队在逐渐变得迷茫，而第二城市传媒部已然变成职业个体和团队的训练场地。突然之间，越来越多的人意识到了我们很久之前就了解到的事情：优秀即兴喜剧表演的这三根基础支柱——创造力、沟通、合作，往往也是职业成功的基石。

即兴表演的 7 个元素

的确，传统商学院传授的量化、战略及分析技术是没有错的，但是只靠这些无法保证你在企业界获得成功，企业界的事务更麻烦、更易变，这儿的成功通常要靠建立获胜联盟、支持好的想法。在这里，软技能——比如愿意倾听、培养信任关系、承担并支持可靠风险、适应变化、逆境中保持乐观等——被看作必备技能，它们能帮助职场人和企业灵活机敏地应对当下工作环境中快速变化的信息、机遇和挑战。这些技能不再是"拥有则更佳"，它们是最重要的。而借助第二城市的 7 个元素，你就能学到这些技能，同样地，这 7 个元素曾经启发了我们这个时代最伟大、最有创造力的表演家。

1.是的，而且

这两个词语构筑了所有即兴表演的基石。创造性的突破出现在这样的环境里：想法没有完全得到探讨，但是已被提升和伸展到了一个乍一看可能显得荒谬的层次。最好的喜剧就来自这里，创造也正是在此处实现，这是一句可以应用于你每个工作阶段的真言。容纳了"是的，而且"的工作文化会更加具有创造性，解决问题的速度更快，较之于那些对新想法过快地进行评价、批判和拒绝的公司，这样的工作文化也更有可能带来专心专意的员工。在"是的，而且"这样的文化下，你不需要对每个想法都进行实践，但是你必须给每个想法一个得以实践的机会。这个简单的观点对改善人际交流和沟通、解决冲突具有神奇的效能。在实际运用中，这两个词语是创造和创新的原点。我们会向你展示几种方式，可以将"是的，而且"融入你工作中的任何方面；我们也会直白地对你建议说，"是的，而且"同样能让你的个人生活创造奇迹。

2. 团体

我们祝贺那些从第二城市剧团脱颖而出的明星，但是这些明星并不是作为单口相声演员而成名的，他们成名是因为他们学会了以团队形式开展工作。团体是任何工作中最重要的中心，但是团体随处可见——销售团队、执行董事会、零售人员，他们是几乎所有公司的成长和竞争力的至关重要的组成部分。不幸的是，几乎很少有人会关注团体的组建、维护和发展，而它所导致的结果就在我们身边：会议室里满是聪明之人，但他们从不去实际解决问题，反而更注重炫耀自己的智慧；领导将成功归功于自己，对失败却避开责任；个体则对存在的每个问题进行狡辩遮掩。

有一种方式可以调解大团队的需求之余的个体需求。事实上，你可以同时加强两者，这并不是一个零和博弈①。无论是在舞台上还是在

---

① 零和博弈，又称零和游戏（zero-sum game），指参与博弈的各方，在严格竞争下，一方的收益必然意味着另一方的损失，博弈各方的收益和损失相加总和永远为"零"。——编者注

企业里，只要一个团体的所有成员都在对付他们的主要敌人——"要求正确"的需求、夺取焦点的需求、即使处于逆趋势也要获得掌控权的需求，那么这样一个高效能的团体中明星总能层出不穷。我们会向你展示如何通过创造一个团队目标高于个体目标、人人有功、直率不被惩罚而被嘉奖的环境，来鼓励优秀的团队产生精彩的表现。除此之外，我们也会向你展示，在团体内的优秀表现同样可以为你开启明星之路。

3. 合作创造

在这个行业长达半个世纪，经验告诉我们，对话比独白更能推进故事的发展。我们的团体不仅在观众面前创造艺术，在与观众隐性的交谈中也一样——寻找建议，记录反馈，再而转换为新内容。合作创造的总和要高于个体。在我们这个相互之间连接得越来越紧密的世界，合作创造很快就变成生活中无法避免的现实。不幸的是，合作创造往往并没有被传授或运用在最需要它的地方。不过，使用这本书中的即兴表演方法论，你可以学到合作创造新的内容和产品、新的市场营销活动、新的进程，甚至是部门与分支间新的关系。

4. 真实

人们笑的时候，他们常常是在笑屋内一件大家共享的事实。然而很不幸，在企业界，出于对政治不正确性的担忧或者是为了一己私利，人们往往对事实不予理睬或选择大事化小。而这些年来引导第二城市剧团的一句箴言则是"敢于冒犯"，我们教导我们的表演者要不畏权势、敢于挑战传统、质疑规则。

一个企业或公司如果太把自己当回事，且不知道如何去质疑自己的信条，那么它就会处于明显的竞争劣势。强有力的领导和公司不会假装问题或失败不存在，他们会承认有所欠缺的地方。他们鼓励团队成员质疑现状，挑战可能不管用的假设和传统，喊出事实——即便事实有时候很难听,以此来表示成员对公司的尊重。允许团队成员表达不满或强调问题的存在,管理者就能更好地学习和成长。与墨守等级制度、维护现状的公司不同,这些公司在面对那些拥护"不敬重"文化的竞争者时能更好地保护自己,并因此提高自身的创新能力。

尊敬和敬重之间的分界线并不总是显而易见的,我们不断地在寻找两者之间的平衡。但是,如果个体和公司能够在自己的企业文化中注入适量"不敬重",那么他们不仅能够提升公司的士气,也能为获得更强的竞争力打下基础。喜剧和"不敬重"是润滑剂,鼓励着人们去重新思考那些或许绊住了他们前进步伐的长久信念。

5. 失败

失败对于我们来说,不仅仅是一个抽象的信条,它是我们每次在舞台上表演时要交付的东西。与直觉恰恰相反,在我们进行即兴表演、寻找机会钻游戏空子时,失败是我们实实在在进行练习的东西,它是第二城市的校友和老师里克·托马斯(Rick Thomas)创造的一个过程。失败就是舞台上发生错误的那个时刻——所有的观众都知道这个错误,舞台上的大多数演员也都知道这个错误。但是承认这个错误并把错误融合进叙述中,一个新的、预料之外的效果就会发生,它会让观众们兴奋发狂。

我们通常得到的教导是,失败不是一个选择。但事实却是相反的。给予失败一个角色,这至关重要。创造力的最大威胁是害怕,尤其是对失败的害怕。缩小失败的负面力量,你的害怕就会得到冲刷,创造力则得以绽放。本书将教你如何在应对风险事项的时候不只是要要嘴皮子,而是为失败创造安全的机会,让失败逐渐累积,最终走向伟大的成功。

此外,一个公司对失败的谈论方式如何,极大程度上决定了他们的表现。反射性地对失败进行洗白或者惩罚的公司,会营造一种没人愿意尝试或公开发表意见的环境。失败应当是一项赠予。有许多种方法可以将失败完全嵌合进任何创新过程里,因此当失败发生时,个体不会手足无措,而是将它看成一个达成最终目标的必要(甚至有趣)的方式。

6.跟随追随者

在 20 世纪 50 年代末至 60 年代初,两个完全不同领域的杰出人物偶然发现了一个相似的观点。管理顾问彼得·德鲁克(Peter Drucker)介绍了知识工人的概念,认为未来任何公司的成功都将相当依赖于扁平的公司结构和允许个体探索并实现自己潜力的管理模式。差不多就在同一时间,撰写了有关即兴表演书籍的美国戏剧界先锋维奥拉·斯柏林(Viola Spolin)也提出,"跟随追随者"对于团体工作而言是提供领导力的一种更加积极和动态的方式。它是一个原则,给予了团队灵活性,使得任何一个团体成员只要他/她的专业技术被需要,便能一直承担领导职责,而一旦团队的需求改变了,又能对层级进行重组。在第二城市,我们都认同这两位富有创造力的思想家。我们在舞台上见证过的成功,没有一个是来自层级制度结构的,这些成功都是因为团体允许它的每个成员——那些可以为团队带来某项具体特长的"知识工人"——在必要的时候扛起担子。

领导力不只是要维持地位,更要理解地位。换句话说,领导力要能认识到偶尔放弃领头羊的角色所产生的巨大力量。这一点在全球性互联网经济的今天更显正确,各路专家频繁地进行短期合作然后解散。在当下的世界,领导力和专业技术更加动态化,"跟随追随者"的方式能引向更多的成功,领导者授权那些为完成商业构建任务带来自己的想法和创造力的团队。在任何一天或任一项目里,任何一个职员都有可能成为领导者,在团队外提供支持或者联络。如果你的公司不再依赖

于一个领导来启动每一个新的想法,而是让公司内所有富有创造力的
头脑参与公司的持续成长,你的公司就变强了。

在团体动力中灵活地转换地位是一门艺术,这同样不是能简单掌
握的。在本书中,我们会向你展示如何练习"跟随追随者",使你能够强
化你的公司以及你在公司中的角色。

7. 倾听

深度倾听是即兴表演的必要元素,它在商业生活的许多方面也是
关键性的,从销售状况评估到员工评价再到头脑风暴会议等。换句话
说,任何一个人想要有效地创造、沟通、领导或者管理,绝对首要的事情
便是学习和锻炼倾听能力。

我们许多人都认为自己是很好的倾听者,但是为了理解而听与一
边听一边伺机回应有着巨大的区别。前者丰富且拓宽了我们的视野,
后者满足了我们"要求正确"的需求以及掌控交谈的需求。不幸的是,
世界上的大多数人都处在"倾听以回应"的模式,而结果乏善可陈。

倾听能让你处在当时当刻,而不是往前回忆或往后领先。通过使
用一系列的第二城市技术,你能够让你工作环境中的每个人都更加积
极地倾听,并因此更有创造力。

以下内容你可以打包带走

上文的 7 个元素是第二城市成功的关键,也对我们知名校友们的
成功做出了巨大贡献。它们还进入了各种各样的公司和机构,如尼桑
(Nissan)、摩托罗拉(Motorola)、谷歌(Google)、耐克(Nike)、麦当劳
(McDonalds)。现在,有了这本书,它们也将是你的。

在第二城市剧团,我们不教你怎样变得有趣,你不会学习笑话或俏
皮话。你所学习的,是对你那因为害怕被评判而经常性审查事实的大

脑进行挖掘。当人们不再局限于说"正确的"或"礼貌的"内容的时候，当他们拥有了在公众场合表达自己的自由，不用压抑或害怕的时候，幽默就发生了。

用最简单的话来说，喜剧给我们提供了一个说出真实、听到真实的安全场所。不幸的是，在我们最重要的一些时刻，尤其是在董事会会议室里——在那里，一个公司的命运就悬在一种平衡中，几乎不存在说出真实的自由，而同样重要的"听到真实"也几乎无法实现。

这本书可以改变以上这一切。它不仅会传授给你即兴表演者所使用的工具，也会告诉你如何使用喜剧去诚实和公开地交流，尤其是在最困难的谈话场合。与即兴表演相同，喜剧也是一项需要技术和方法的技能。通过探索即兴表演的 7 个元素，本书能让你找到新鲜的、非传统的、具有启发性的方式，用于：

——更快地产生想法。

——更有效地交流。

——创造能够应付每种场合的团体。

——创造与员工和顾客的公开对话。

——打破威胁合作成功的公司壁垒。

——无中创有。

这些并不是空洞的承诺。我们将带你学习一些具体的方法，我们已经通过这些方法在各种各样的公司实现了这些目标。我们将分享农夫保险公司（Farmers Insurance）①的故事。这个公司几年来一直用即兴交流原则来帮助它的理赔代表在面对压力时更为有效、更有同感心地去交流。我们会讨论高乐士公司（Clorox）是如何通过推特（Twitter）

---

① 农夫保险公司是美国第三大保险公司，于 1928 年创立，总部设在洛杉矶，主营乘客汽车与业主保险，此外还有其他险种和金融产品及服务。——编者注

上一个网络直播活动，与它的听众一起创造了一个市场项目并取得优秀成果的。我们还将讨论我们是如何帮助一大批福布斯（Forbes）排名前1000的公司使用喜剧的方式来让它们的员工参与无聊又可怕的传统项目——咳咳，好吧，说的就是顺从训练（compliance training）。

我们最初只是位于芝加哥老城中心的一家小小卡巴莱剧院，现在却成了一个成熟的创新实验室，无论是个体还是公司机构都无一例外地在这里得到意料之外、不寻常的启发，获得了创造性的突破和思考模式的转变。本书装满了故事，透露了这家世界最著名的喜剧机构少有的一个巅峰期。它为你提供了具体的即兴表演方法和技术，这些方法和技术可以帮助任何人变得更具创新性、创造力，在工作和生活中更加成功。

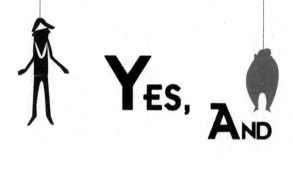

第 2 章

是的，而且：如何无中创有

Yes, And

几年前，第二城市传媒部曾和一位在一个世界知名技术公司工作的年轻的人力资源部主管合作（我们将称呼她为凯蒂），这位主管被选中参加公司的"高潜能"行政能力发展项目。这个项目为期2年，要求参与者每6个月轮一次岗，这也就要求参与者定期融入新的团体，并能够进行顺畅的交流。凯蒂是一位聪明、有经验、积极性高的女性，但也有些许内向，一想到必须每6个月融入一支新的队伍并与新同事产生有效的人际联系，仍有一丝害怕。她在新的环境中尤为内向，认为自己不是一个活络的人，不能很快融入新团队。凯蒂担心缺乏人际交往技巧会限制她的成功，并最终影响她的事业。

在我们与凯蒂以及她的同事们合作之前，她并不十分了解第二城市，她也当然不会把这样一个与同伴的交往练习看成一个即兴表演。但是从我们的角度，透过我们舞台工作的镜头来看待凯蒂的情况，她和她的同事们所面对的挑战就是即兴表演101课程。用即兴表演的行话来说，凯蒂在打开场景上有困难，因为她害怕自己必须独自承担这个场景，她同样也害怕每到一个新环境就必须立刻变得有趣、引人注目。她处在一个即兴表演的场合，职责就是不断重复地进行无中创有，但是缺乏能进行有效应对的观点和工具。

那么，我们让凯蒂做了什么呢？非常简单。我们让她玩了一个叫"暴露"的游戏：工作室导师让凯蒂和班里一半的成员走上台并在舞台上站成一排，余下的一半人则在 10 英尺左右的地方作为观众。接着，导师告诉每个组，"你们看着我们，我们也会看着你们"。这个时候各种扭动就开始了——不只是凯蒂。舞台上的整个小组开始双脚变换着重心，一些人脸红了，另外一些人则不停地搓着手和衣服。当小组的每个人都表现出一定程度的不舒适后，导师说话了："现在我希望你们数出面前那面墙上的每一块砖头。"不出几秒，那种不安就没有了。现在每个人都有任务要做，每个人都聚精会神数着。几分钟后，凯蒂和小组的其他成员脸上都挂着微笑，神情完全放松了，因为他们在尝试数出剧团墙壁上的砖头数。

即兴表演就是用最简单的形式让我们将注意力从自身转移开，使我们能够减少自己的个人评判。当我们全神贯注并完全沉浸在彼时彼刻时，就不会去注意自我意识或者神经颤抖，你所有的能量都集中在手头的任务上。这项任务让凯蒂学到，即使她认为所有的眼睛都看着她，只要她的关注点在完成自己的工作上——对她来说，就是人际交往和适应新部门——她就能够控制自己的焦虑。一旦她开始享受自己的劳动成果，她就会意识到只有自己在评判自己的"表现"，她就会在整个过程中变得越来越自在。

凯蒂开始放松之后，我们又增加了一些游戏，着重提高她倾听、分享和交换的能力——所有都是即兴表演的入门水平，就像锻炼社交技能的软体操。正如芝加哥恐慌焦虑恢复中心（Panic/Anxiety Recovery Center）的精神治疗医师兼主任马克·普费弗（Mark Pfeffer）博士所说，"每次你学着不害怕时，你的大脑就发生了变化。（即兴表演是）改变神经通路的最快方式，因为它把（人们）放在一个直面自己的害怕的场景"。最终，凯蒂意识到自己实际上拥有所有她原本认为没有的交流交往技能，她只是需要一个地方来进行练习。

不过，最主要的是，她学会了如何说"是的，而且"。

什么是"是的，而且"？

我们在工作中遇到过许多像凯蒂这样的人，这些年来我们也逐渐相信，无论你名片上的头衔是什么，职场的成功要求一种无中创有的能力，这在很多层面上也是即兴表演的核心。凯蒂尝试着从无中创造新的、有效的职业关系，而商业职业人员每天要无中创有的清单是无穷尽的。以下是一些例子：

- 营销活动；
- 新的产品线和业务线；
- 与客户和顾客建立信任伙伴关系；
- 更好的问题解决过程和方案；
- 对新角色的职责描述；
- 职员政策、培训课程、绩效管理系统、预算（更不要提税收了）；
- 对顾客投诉给予深思熟虑的回应；
- 公司垒球队的命名。

任何一个在公司工作的人都在进行着无中创有，而每一个善于无中创有的人都极好地运用"是的，而且"应对着挑战。他们可能不这么叫它，他们可能叫它"极端设计"，甚至是"冲突解决"。但是在我们的领域，它就叫"是的，而且"。它是一道秘制酱汁，是一个源代码，是一把万能钥匙。它是即兴表演的基础信条，正是有了它，所有其他即兴表演信条才得以存在。

舞台即兴表演没有剧本来引导场景，在如此的情景里，"是的，而且"是这样的：一个演员在舞台上提供了一个想法，另外的演员对这个想法进行肯定,并在此之上加入他们自己的东西。

所以,一个演员可能会说:"哇,我从来没见过天上这么多星星。"

同一场景里的另一个演员此时只有一个职责:同意这个观点,再加入新的东西。因此他可能会说:"没错,在月亮上看东西是这么不一样。"

这个简单的陈述肯定了第一个演员的话,并且又加入了另外的想法(也就是说,他们远离了城市,远到他们都到月亮上了)。这种肯定给了第一个演员更多的创作信息,也为这个场景打开了许许多多的可能性。

如果第二个演员否定了第一个演员提供的信息,比如他接道:"我连一颗星星都看不到……现在是大白天。"那么这个刚萌芽的场景就会戛然而止,第一个演员不得不仓促地思考出一个回应,来迅速将场景带回观众会觉得有趣的模式中。在我们的经验中,观众想看的是舞台上一些很酷的东西,他们并没有兴趣看演员为场景的真实性而争吵——那真是无聊得要死。

在即兴表演界,"是的,而且"还有一些近义词。你会听到我们在说"肯定和创建"想法或者"探索和提升"场景。说辞有差异,但是接受所提供的内容并进行增加(无论你怎样看待这个内容)这一中心思想,绝对是我们在第二城市做任何事情的基础。

这就是我们创造场景的过程,我们也就是这样发展了许多丰富、有趣的人物形象[试想一下《韦恩的世界》(*Wayne's World*)①里的韦恩(Wayne),由迈克·迈尔斯(Mike Myers)于我们的舞台上首创;或者马特·福利(Matt Foley),也就是其扮演者克里斯·法利(Chris Farley)

---

① 《韦恩的世界》是一部喜剧电影,于 1992 年发行,该电影改编自美国国家广播公司(NBC)《周六夜现场》的同名节目。——编者注

之后在《周六夜现场》上使之出名的那个异常激情昂扬的演讲者],这还是我们发展一部完整节目的核心。"是的,而且"给人的印象如此深刻,即便离开我们的舞台很久了,蒂娜·菲、简·林奇(Jane Lynch)等校友在写回忆录或者发表毕业演讲时仍然会谈论它。事实上,我们可以毫不犹豫地说,"是的,而且"是一个镜头,透过它我们能看到整个商业和所有地方。我们在这儿肯定和扩充别人的想法,用一种聪明、体贴、有用、有趣,而且经常令人哄堂大笑的幽默方式。

"是的,而且",它如何与公司联系在一起?

对于我们许多企业客户来说,理解"是的,而且"这个概念并非难事,但是实际实施起来却并不容易。因为无论你是否喜欢这个创见,它都要求你相信别人会支持和发展你的贡献,同时也要求你支持和发展他们的贡献。在商业领域,支持总是有很高的附加条件:如果我立刻理解这个想法的去向,那我就支持你;或者如果能够保证成功,那我就支持你;或者如果你的想法对我有利,那我就支持你。"不"或者"是的,但是"在工作界更为普遍,因为他们不允许一方掌握对某个想法或者会话的控制权。

但是,如果控制能够保证公司的成功,那么每个公司都会非常成功,因为大多数公司都十分重视过程、控制、模型等诸如此类的东西。我们都知道,实际上并不那么简单。"是的,而且"常常能带你到意料之外的地方,而这令一些人紧张。但公司只有稍微放手并愿意期待这种惊喜,他们才有机会发现创新这块金子。

我们把这条原则称为"是的,而且",因为在我们的练习中,我们每次的陈述都以这两个词开始。但是这条原则的精神远不止这些词。要建立"是的,而且"文化,你必须塑造"是的,而且"模型。你必须对他人的贡献进行支持,并且做出自己的建造。

在你的工作中运用"是的,而且"

"是的,而且"本身并没有一个具体的手册,但是在很多情况及场景下,具备"是的,而且"思维可以为个人和公司带来帮助。

在人际交往及团队交流情况下

让我们回到我们的朋友及客户凯蒂的案例,也就是那位对融入新团队充满担忧的高潜力人力资源主管。凯蒂与新的团队成员进行交谈时深感害羞,因为她给自己施加了太多压力,要求自己在那种情境下成为"正能量、核心人物"。她认为那才是作为一个好的交际者应该有的品质,而自己相对内敛的天性并不能融入新的团队。

在对凯蒂和她的同事的课程中,我们开展了一系列的讨论会,为凯蒂提供了一个交流的即兴模式,让她更加有效率且更舒适。我们让她和她的两个同事玩了另外一个叫作"医生什么都知道"的游戏,他们坐在舞台上,下面的观众随意提问,回答的时候他们每个人每次只能用一个词。我们还玩了"接上去"的游戏,每个参加游戏的人都要按照提示改变之前说过的最后一句话,所以舞台上的场景一直变幻莫测,玩游戏的人不得不仓促地进行适应(就像一个典型的工作日那样忙碌)。我们向凯蒂展示了最会交际的人是那些肯定别人的想法并在其基础上进行建造的人,而不是那些发起并独掌整个会话的人。通过有趣且富有互动性的练习,她学到了融入新同事当中的最佳方式是认真聆听,并在他们的想法上进行创造,这也是你将"是的,而且"运用到交流中的自然结果。凯蒂意识到她安静的天性并不是一个缺陷,它与好的交际和团队建设完全是兼容的。

最好的队伍是由不同的性格类型的人组成的，他们有着不同的风格、经历和优势。凯蒂获得了可以为她的团队做贡献的自信，而她那些更加强势的同事则学会了给较为羞怯的工作伙伴贡献的空间，他们学会了鼓励这些人分享自己的想法，而不是让他们安静地坐在一边。在"医生什么都知道"的练习中，凯蒂甚至还能获得许多笑声，因为她全身心地在倾听，能从一些十分荒谬的情况中找到意义，她的时间把握非常完美。经过半天的练习，你再也不会把凯蒂当成小组中害羞的那一个了。只要她继续练习和发展"是的，而且"这个概念，她就能在高潜能工作轮岗期间的每个新团队中受到欢迎。

在指导和反馈环节中

良好的人际交流不仅在公司同事间十分重要，在上司和职员之间也同样如此。如果你是一个老板，那么你最重要的一项职责就是指导你的员工，并提供反馈以帮助他们在工作中得到成长。"是的，而且"是提高人际交流能力的最好帮助之一，因为它能以下三种方式将每天的工作交流置于一个更加正面的角度。

第一，当有人表现优秀时，"是的，而且"会帮助你予以肯定，并给你一个机会去鼓励那个人做得更好。有人犯错误时，"是的，而且"同样有效，它能让你在对工作失误或错误判断进行评判时，首先去肯定他们工作中好的一面。例如，在一场尤其糟糕的展示之后，上司见你："所以，我们丢了这个客户？""是的，而且"能让你回答得诚实，而非消极："是的，而且我想我知道原因。我们会改正这次做错的地方，坚决不再犯。"

第二，在开发新思路和新举措时，拥有"是的，而且"心态十分宝贵，它可以鼓励团队争取新的高度。在与我们的长期客户农夫保险公司的一次合作性领导力讨论课上，我们讨论了领导在广开言路、面对各种想法,甚至是那些乍一看并不新颖或迷人的想法时,会遇到的挑战。一位资深参与者优雅地回答道:"'是的,而且'让我知道了你不可能会爱上每一个想法,但是它能让你在那么一会儿的时间里喜欢这个想法。"这真是一句极好的箴言。过去这些年我们学着喜欢上那么多产品,有些一开始并不显得那么有前景:拉里·戴维(Larry David)和杰里·宋飞(Jerry Seinfeld)创作的精彩情景喜剧《宋飞正传》(Seinfeld)①,其实是始于一场网络游说会,主题就是"一部没有主题的剧";J. K. 罗琳(J. K Rowling)曾受到许多出版商的拒绝,他们没有预见到这个少年魔法师哈利·波特(Harry Potter)将会抓住每个人的想象力;iPod 的发明者托尼·法德尔(Tony Fadell)曾向几家公司兜售他的想法,均遭当即拒绝,直到史蒂夫·乔布斯(Steve Jobs)对他说了"是的,而且"。有时候你需要对房间里这个疯狂的想法看第二眼、第三眼、第四眼。

第三,"是的,而且"能平衡交谈氛围,从而促进上司和下属之间的交流。一旦全神贯注于倾听和创造想法上,你就会更多地聚焦于该想法有什么优点,而不是去关注该想法提出者的等级。芝加哥斯珀特斯犹太研究学院(Spertus Institute for Jewish Learning and Leadership)②主席兼执行总裁哈尔·M. 刘易斯(Hal M. Lewis)博士认为,"是的,而且"是一个重要的领导力工具,他说:"'是的,而且'的基本原则同样是基于所有对领导力的传统理解,即'集体的智慧是无穷的'。一旦我放下了'自己必须是这个房间里最聪明的人'这个念头,神奇的事情就会发生。""是的,而且"能让每个人都得到倾听和尊重,当你们相互尊重后,任何绩效挑战都是可能完成的。

---

① 《宋飞正传》,美国国家广播公司播出的广受欢迎的情景喜剧,每集约 20 分钟,于 1989 年 7 月 5 日开始播出,至 1998 年 5 月 14 日结束,共 9 季,180 集。——编者注
② 斯珀特斯犹太研究学院始建于 1924 年,一直致力于培养犹太教育家。——编者注

在头脑风暴和构思环节中

寻找"新方法"就像是寻找商业、政治、体育、娱乐和教育领域的圣杯。无论你从事什么工作，这个世界总是高度重视创新。证据就围绕在我们的日常生活中，包装商品公司兜售着"新型改善的"衣服洗涤剂；政客们发表竞选演说，谈论着自己是如何代表了"全新的改变"，不同于现任那令人厌烦的观点；教育家赞扬着教室里新科技的优点；电视网络在剧集宣传中说着奇怪的话，如"8 点收看全新的《公园娱乐》(*Parks and Recreation*)①"。（这总会让我们想着一部有所更新的《公园娱乐》会是怎样的。因为我们喜欢这部剧，所以会觉得它可能还是很酷的。）

但是，即便所有的能量都置于创造新事物或创新上，这个世界仍有许多雷同、许多山寨、许多最终失败的创新计划。我们可能是，也可能不是在说你，单向组合(one direction)②。

而这是一个真实的问题。安永会计师事务所(Ernst & Young)③2010 年开始的研究表明，只有 47％的受访高级执行官认为自己的公司比竞争对手更加有创新性，17％的人则认为他们比竞争公司创新性要弱，而 41％的人则认为他们缺乏优秀的想法来推动公司发展。这个现象背后有诸多原因。人们可能认为创新和发明是别人的职责，或者他们觉得创新是一个独立的学科，是一个"臭鼬工场"（指不受管理控制的创新小组），需要与每天的日常工作分隔开。个体和公司通常很难有创新，因为如果没有一套评估创造者和创新过程的基础理念，很难坚持。我们认为缺乏创新性与车间惯用的卡其制服有很大关系，但是找不到任何事实依据来支持这个观点。

---

① 《公园娱乐》，美国 NBC 制播的喜剧电视影集。——编者注
② 单向组合是一支来自英国与爱尔兰的男子组合。——编者注
③ 安永会计师事务所（台湾译为"致远"）是全球顶尖的专业会计事务所，曾是全球第三大会计事务所，于 1989 年成立，主要提供审计、税务及财务咨询等服务。——编者注

那么，如何推动创新？答案就是只要有机会，就宣传"是的，而且"。

也许运用"是的，而且"的最佳场合就是头脑风暴或构思环节，你和你的团队成员一起思索着新的产品想法、营销口号或创造性的主题。这个创造性过程实际上与我们在舞台上运用"是的，而且"是类似的。我们曾见证过团队使用这个宝贵的工具在短时间内产生了许多想法，除此之外，我们也经常看到它比传统的头脑风暴方式更能帮助团队产生不同寻常的点子。原因很简单，当人们在快速地创造和支持相互的想法时，他们倾向于过滤信息或者很少做出评判；而当你在头脑风暴环节的早期不加过滤，你就能让各种想法进入新的阶段，然后就能发现想法之间新的连接，这是传统的智慧无法解释的。

当客户要开始规划战略，或者新的营销活动，或者准备实施新的、不同的想法，他们就常常会邀请我们去开展关于创新和创造的研讨会。在每个案例中，我们都努力把"是的，而且"思想灌输给工作组。正是基于对"是的，而且"这样的承诺，我们与礼恩派公司（Leggett & Platt）[①]合作了一次非常成功的市场营销，这个公司让……咳咳……弹簧和线圈走进了床垫。

我们要承认，床垫生意并不那么光鲜，弹簧和线圈则更加如此。但是礼恩派的职员是一群富有创造力的人，在一次创意发展的头脑风暴上，我们决定制作一支有趣的说唱视频，它讽刺了传统的说唱视频，强调用弹簧和线圈做的床垫的一个关键优点：更好的性爱。我们创作的这支视频不仅引起了巨大的反响，也帮助他们改变了产品的分类，创造了一个人人都为之骄傲的作品。这次的工作有许多有益的方面，但关键的一点是，如果没有相互之间的"是的，而且"来寻找看似完全不同的点子之间的不可能的联系，我们永远不会从弹簧跳跃到性感说唱视频上。

---

① 礼恩派公司，美国工业领域 500 强公司，是功能沙发配件方面的领导者。——编者注

在问题处理和冲突解决上

我们要承认，当工作中遇到大麻烦或者我们有预料之外的问题需要解决时，我们常常会把自己锁起来，关注点全在即将到来的上司的责备、反馈和自身的难受情绪上，而不是解决手中的问题。我们在危急时刻能直接体会到这一点，而当事情看起来完全无望时，反而成了使用"是的，而且"的最佳模型。

我们的一位同事——为了保护各方隐私，我们暂且称呼他为杰克——刚刚成为一家高知名度机构的董事会主席。杰克在一个周五傍晚接到董事的电话，那时他已经上任两周了。"这事很紧急，我们需要整个董事会立刻在市中心和我们见面。"当每个人都到达指定的位置——公司某董事的私人会议室后，这位董事说："我们刚刚发现公司一位老员工，一位我们多年来一直信任的同事和朋友，一直在挪用公司款项。"当细节浮现出来时，杰克与别人一样震惊。不仅是因为他们都信任和喜欢的这个人完全背叛了这种信任，而且这个人还让整个公司陷入了财政危机。"我们破产了，我们不得不思考如何告诉大家这个消息以及未来如何重建，否则这个公司就不会再存在了。"这位董事严肃地说道。

杰克接下来听到的这几句话来自一个相当有名的政治顾问，他是这个公司的朋友，被叫来帮忙。顾问开口时，这个房间的死寂氛围稍微得以缓和。"在我的领域有这样一句名言，这是我们的工作准则，"他顿了一下，"永远不要浪费一个好的危机。"

这句名言的作者是温斯顿·丘吉尔（Winston Churchill），他知道如何进行"是的，而且"。

接下来的 3 个小时就是一场运用"是的，而且"解决危机的练习。

这个小组需要将这个艰难的事实告诉公司的成员，他们争论了消息应该怎样进行传达，应该由谁传达。杰克提出，作为董事会的新主席，这应该是他的责任。顾问接着说，因为杰克是一个新人，他可以成为这场危机的最佳发言人，能够受到信任，开辟出一条前进的道路。所有的交流都必须透明，不仅杰克要向公司成员传达消息，整个小组也要向成员、媒体和赞助者持续交流、更新信息。

杰克和公司渡过了一段艰难的日子，但是他们坚持下来了，并最终能够重新建立稳定的公司财政。没有"是的，而且"模式的领导力，这一切能否发生令人怀疑。

不仅是这样的极端情况，"是的，而且"在与同事一起进行日常的决策制定和问题解决时也十分有用。问题常常会不断重复，因为我们提出的解决方法实际并未解决任何事情。在这样的情况下，一条有益的方法就是帮助你的同事就这些老问题创造新的选择和新的解决途径。要达到这一点，每个人都需要会说"是的，而且"，而不是"不"。

我们想说，在解决问题时，即使是坏主意也能成为通向更好的主意的桥梁。"是的，而且"让每个人都有机会在被否定之前去思考可能有用但还不成熟的主意。在压力和危机面前创造一种积极的氛围，可以给团队一种信心，认为他们能够解决出现的任何问题。这在我们第二城市的小组讨论和行政会议上时刻发生着。与别的任何公司一样，我们也会面对问题，但是我们会带着一种什么都能克服的精神去解决这些问题，因为时间已多次向我们证明，我们可以相互支持直到问题解决。

我们公司坚持用"是的，而且"的理念让我们在危机中发展，这一点在 2009 年的秋天最为明显。与全国各地许多其他公司的情况一样，大萧条也对我们造成了严重的影响，我们面对着强大的压力来缓和公司的财政挑战。虽然芝加哥的剧院生意保持稳定，但是出城巡演的次数和原本庞大的企业资金都在骤减。随着直观的经济前景变得越来越不确定，公司采取了紧缩政策。我们暂停了对新产品及生产的投资，缩小了巡演团体的规模，冻结了所有新的支出。

当我们笑着抑或哭着度过这场财政危机时，一场愈演愈热的政治情景剧在我们的城市和国家上演。当时还在其第二任期内的伊利诺伊州（Illinois）州长罗德·布拉戈耶维奇（Rod Blagojevich）正在接受调查，他被控试图"售卖"贝拉克·奥巴马（Barack Obama）当选总统后留下的该州参议员的空缺职位。政治交易是一回事，这次的调查也暴露出了布拉戈耶维奇的权力结构像吉尔伯特与沙利文（Gilbert & Sullivan）①的轻歌剧一样，具备所有喜剧元素。他的岳父一直把这个女婿当作傀儡，当他不再被需要时，便一脚将其踢开。电话录音则暴露出这位州长的妻子是个大嘴巴，而躲藏在芝加哥西北部家中的州长本人实则并无多少作为，他把更多的时间都花在慢跑和护养头发上了。

在一次第二城市的假期聚会上，几杯假日宾治下肚后，我们当中一些人（包括凯利在内）一起评论了这个丑闻正在变得多么"戏剧性"。随即，凯利说了句"我们应该把这整个事件写成一出摇滚戏剧"，这话刚好被在附近交谈的剧作家兼演员艾德·弗曼（Ed Furman）和 TJ.沙纳福（TJ Shanoff）听到。几分钟后，艾德和 TJ 走近凯利。"我们已经想好了你说的摇滚戏剧。"TJ 说。接着艾德补充道："就叫'超级明星罗德·布拉戈耶维奇'。"

每个人都笑了起来，而后笑声停了下来。

"你是认真的吗？"凯利问。

---

① 吉尔伯特与沙利文指维多利亚时代幽默剧作家威廉·S.吉尔伯特（William S. Gilbert）与英国作曲家阿瑟·沙利文（Arthur Sullivan）的合作。从 1871 年到 1896 年长达 25 年的合作中，共同创作了 14 部喜剧，其中最著名的为《皮纳福号军舰》（*H. M. S. Pinafore*）、《彭赞斯的海盗》（*The Pirates of Penzance*）和《日本天皇》（*The Mikado*）。——编者注

"绝无虚言。"艾德说。

但是这会儿正处于冻结开销期,我们如何上演一部新的作品呢?

一幕幕严肃的"是的,而且"即兴表演开始了。

第二天,凯利来到了第二城市的共有人和执行制作人安德鲁·亚历山大(Andrew Alexander)的办公室。

"你知道我们本不应该再加新的项目或者花更多的钱,"凯利开口道,"嗯,我们昨晚在聚会上聊着……要是我们能排出一部关于整个布拉戈耶维奇丑闻的迷你摇滚剧呢?名字就叫'超级明星罗德·布拉戈耶维奇'。那帮家伙说他们能很快写出来。"

安德鲁顿了大概5秒钟。"好的,去做吧。"

这就是第一个"是的,而且"。

接下来,我们必须想出如何在实际没有预算的情况下办好演出。"我们能找到一个免费的剧场舞台吗?"

"可以,舞台(我们在芝加哥的第二大舞台)每周二和周三是空的。我们可以在那里演出。"

"没有钱我们怎么付别人工资呢?"

"我们可以从演出的利润中抽取部分用于支付作家和导演的报酬。我们还可以打电话给演员工会,看看他们能否允许我们少支付一点演员的薪酬,而作为交换,我们可以相应地给工会一个折扣。"

"这个州长随时可能进监狱。我们最快什么时候能写好剧本并完成排练?"

"两周可以吗?"

在那一天,"是的,而且"的对话情景反复地出现。

艾德和 TJ 已经准备好了,我们打电话给演员工会。做这样的项目有一个好处就是,你一说标题,电话那头的人立马就笑了。我们相对较为轻松地就让演员工会给我们提供了第四个"是的,而且"——他们说,只要我们与起用的演员达成一致，他们就愿意宽限演出须支付的相关费用，我们则提供他们一排后排席位就好。

有一些主意是注定要成功的。在我们的领域，舞台上直击时代潮流的作品就犹如闪电雷鸣。我们一宣布筹演这部作品，媒体就进行了重度报道。等到我们准备进行首场试演时，整个巡演的票都售罄了。

当地资深政治新闻记者卡罗尔·马林（Carol Marin）也参加了首场试演，他告诉我们，走进剧院，靠近舞台一侧的整片座位都被布拉戈耶维奇的职员们给包了。

无需多说，这部作品大获成功。几个月后，我们把演出转到位于芝加哥海军码头的莎士比亚剧院。当这位蒙受耻辱的市长本人亲自加入我们的舞台演出时，最终的"是的，而且"就大概到位了。《早安美国》（*Good Morning America*）、FOX电视台、MSNBC① 以及所有国家电视网都报道了这次亮相。我们创建了第二家公司，继续将作品推向伊利诺伊州南部，也就是伊利诺伊州政府的所在地，这里的观众对剧本中几乎全部来自各种新闻发布会和窃听录音的台词拍手叫绝。丑闻依然在不断地扩大发酵，且充斥了当地每天的新闻，剧本本身也根据更新的信息每晚都在变化。

作品持续上演了整年，所有参与了一系列"是的，而且"对话的人都分享了这部成功的作品所带来的经济利益，要不是他们，这部作品永远不会出现。

有时候你只要记住，在寻找高风险问题的解决方案时，如果能获得同事的支持，情况将大有不同。

---

① MSNBC是美国的一个全天播放的有线电视新闻频道，在加拿大也可收看。频道名称结合了Microsoft（微软）和NBC Universal两家公司。——编者注

在克服障碍时

在商界，人们总要花许多时间、金钱和精力来互相劝服做某事。无论你是正在成交一笔大交易的销售员，还是要推荐一个全面外包项目的顾问，又或者是一个为争取更多预算而在内部努力的营销主管，你都清楚，让桌子对面的那个人同意你的观点是多么困难。在你想要做任何高风险的决定时，必然会有人持反对意见，你要竭尽全力地去避免出现敌对氛围。在这些情况下，保持"是的，而且"视角可以帮助你确认对方合理的担忧，为寻找双方共同点敞开大门。

我们看到过许多客户输掉交易或推介失败，并不是因为事实不站在他们那一边，而是因为他们未能营造出信任的氛围，这种氛围对任何新协议或合作都至关重要。某家知名的管理咨询公司也正是如此。这家公司邀请第二城市传媒部帮助他们解决客户反馈的问题，这些反馈认为该公司总是态度傲慢、充满优越感。客户尊重并看重这家公司给出的分析和推荐，但是与该公司顾问的互动总是无法令人愉悦。结果，这家公司就丢掉了与客户的其他生意，因为客户希望自己与公司之间多一些合作性互动，少一些对抗性体验。

首先，我们必须找到一个方法，既能帮助顾问们看到自己哪里做错了，又不会让他们心生防备，没有人喜欢被别人说态度傲慢。我们可以通过几种方式帮助这家咨询公司。例如，我们创作了一些有趣的片段，从客户的角度讽刺他们与客户之间典型的互动，如打断发言的人——我们创作了一个不让任何人说完一个整句，甚至是表达一个完整想法的角色。这个角色展示出在与客户互动时，顾问是如何以"说得正确"为重的，这一点尤其得到了大家的反响。接着，我们进行了一系列的培训课，帮助顾问提高他们的倾听技巧，重点改善他们的语调，使顾问即便在承受着负面消息或艰难推介的情况下，语调仍是积极的。

这个案例与大多数案例一样，"是的，而且"是支撑我们与客户合作的中心思想。当然，这并不只是帮助客户逐个说出这些单词。更重要的是，我们鼓励他们大方、合作地去交流，寻找达成共识的途径，这正是导向商业成功的最终需求。

对于在第二城市的我们来说，创新是这幢大楼日常行为准则的一部分——即兴表演就是创新。虽然我们的部分创造来自雇用的那些天生充满创意的人，但事实不止如此。我们选择以一个具体的"是的，而且"理念为指导，它能带领我们持续创造出伟大的创意产品，让我们的产业不断增长，让越来越多志趣相投的人才加入，从而带出更多的创造。

"是的，而且"，不只显而易见

前面的例子向我们展示了"是的，而且"作为管理工具的一面，但是"是的，而且"同样也以一种更为隐蔽的方式影响着商业世界。事实上，我们会说，像"是的，而且"这样的即兴主意一直都有，并且每天都围绕在我们周围。只不过，我们并未能认出它们来。

不相信吗？

技术世界的两个"是的，而且"的鲜活例子就是网络百科书——维基百科（Wikipedia）以及在过去数十年获得巨大技术发展的开放式源操作系统 Linux.

可能许多人都用过维基百科，尤其是当你有个正在写一篇 3 天后就得交的学期论文的孩子。维基百科上的内容是由用户生成的，也就是说无论话题是无线电波还是电台司令（Radiohead）①乐队，任何人都能建立或者对已有的内容进行编辑或增加。与舞台上的"是的，而且"

---

① Radiohead 是一支来自英国牛津的乐队，在中国大多翻译成电台司令等。——编者注

一样，维基百科采用了我们称之为"探索－提高"的模式进行运营，也就是说，提供一件事物，然后在其基础上进行建造、加深，有时甚至是重新定向。"探索－提高"是跟随"是的，而且"之后的即兴表演教义。一旦你学会了如何一起建造，"探索－提高"能让你建造出一些有趣、有分量的东西。有一个积极的开头很好，而当我们逐步深入后，通向成功的道路一定会来临。尽管这种方式导致了一些疯狂的维基词条和质量不良的学期论文，但是这背后潜在的理念——对别人提供的东西进行"是的，而且"——已然十分清晰。

另外一个很好的例子是 Linux，这是一套（根据维基百科！）免费源软件开发、自由传播的类 Unix 操作系统。好吧，我们完全不了解软件开发，也不会假装自己懂，但是我们认为这是另外一个鲜为人知却在实践中的"是的，而且"例子。开发者可以使用和修改已有的代码，用它们做出很酷的新东西，而他们也的确做出来了。Linux 目前是服务器和大型主机的主要操作系统，全世界 90％以上速度最快的超级电脑都运行着某些版本的 Linux。你想一想，所有这些都起源于莱纳斯·托瓦兹（Linus Torvalds）于 1991 年首次开发的操作系统 Linux Kernel。谢谢你，莱纳斯，谢谢你伟大的开始。谢谢全世界所有的开发者，谢谢你们以"是的，而且"方式开发着 Linux，创造了这样一个有用的系统。简而言之，你可以说 Linux 是我们见证过的对"是的，而且"最有力、最亲切、最有用的表述。向你们深鞠一躬，Linux 和朋友们。你们是世界级的即兴表演者，而你们自己却浑然不觉。

"是的，而且"作为团体建造者和错误橡皮擦

将"是的，而且"运用到日常工作中时，你需要记住一些事情。

试想，如果你在一场特定工作或社交环境的头脑风暴或交谈中运

用了"是的，而且"，你的角色就是每当提出自己的想法时，你还要去支持别人的想法。这确实很难，即便是对那些相信"是的，而且"力量的人来说也不是件易事。"配角"在商业上十分重要，但是他们并没有受到应有的重视，因为当下的文化普遍喜欢摇滚明星般的 CEO、身价过亿的风险投资家、不同凡响的企业家以及明星名人。这挺有意思的，在过去，名人只限于好莱坞明星和运动名将；而现在，在我们无时无刻的媒体文化下，多亏了《卧底老板》(*Undercover Boss*)①、《创智赢家》(*Shark Tank*)②这样的真人秀及所有有线电视的商业新闻秀，每个人都有机会露面 15 分钟。显然，安迪·沃霍尔(Andy Warhol)是对的。

在当下的世界，单枪匹马成为英雄人物很有诱惑力。这似乎是最容易为肉眼所见的回报，尤其在电影里。我们很难记住肯定别人的想法和在他人想法基础上进行创作的价值，但是，它却更有实用性。"是的，而且"创建了更好的团队，而这又能进一步让舞台上、工作中的每一个人都成为明星。在下一章节，我们将深入探讨这一点。

如果你曾经与懒惰做斗争，或者一直做着错误的开始，这样想想就会感觉到希望：大多数伟大的想法都没有伟大的开始，许多最佳发明都来自惊喜的意外和围绕错误引起的深思。

起搏器最初的设想是通过使用无线电频率降低人体温度。

Slinky(机灵鬼)③原本是作为战舰的一个零件。如果没有机灵鬼我们又会怎样？

---

① 《卧底老板》是英国第四台在 2009 年开播的真人实境节目，2010 年 2 月 7 日授权给美国哥伦比亚广播公司。每周跟拍一名各行业的管理阶层，亲自体验该企业的基层工作，确认公司在基层的运作状况，同时也会奖励在基层遇见的有潜力的员工。——编者注
② 《创智赢家》是一个美国竞赛类节目，于 2009 年 8 月起在美国广播公司播出。——编者注
③ Slinky(机灵鬼)是一种螺旋弹簧玩具，是海军工程师理查德·詹姆斯(Richard James)在 20 世纪 40 年代早期发明和改进的玩具。——编者注

传说烟花的发明也是来源于一次失败的厨房实验。

优秀的即兴表演者知道如何应对失误和大错，我们就是困难终结者。错误在当时必然会造成压力，但是如果你从"是的，而且"角度出发，错误也能为新的思维和新的可能性提供灵感。我们说，"让事故为我们工作"。这些例子向我们展示了如果你能克服对失败的畏惧，那么这条途径就会拥有无比的潜力。

"是的，而且"的肯定与创造

"是的，而且"的美妙就在于它能让团队从许多小想法中逐渐创造出一个可靠的大主意。在第二城市我们有一句格言，以此向新演员和新客户解释我们希望他们如何去产生一个想法：带一块砖，而不是一座教堂。有时候场景还没展开，一个即兴表演者就已然爱上某个完全成型的想法，并会把这个想法强加于他的团队队友，即使那个时候它完全没有意义。他为场景"带来了一座教堂"，而整个团队真正需要的只是一块砖。一座教堂会很快地结束所有的创造，而砖块能活跃整个创新过程。

在我们训练中心的初级水平阶段，我们会做一个练习来阐述这个理念的力量。这个练习叫作"单字故事"，具体是这样的：人们围成一个圈，通常是6～10个人，大家的任务是讲一个原创故事。在整个叙述过程中，每个人每次都只能讲一个单词。这对许多人来说都很难，尤其是对那些习惯单独作业的创意者，因为他们希望寻找灵感或者掌控故事的发展。但是他们无法这么做，因为待故事轮到他们的时候，每人只能往里加一个最合理的单词。如果你是房间里的智者，你希望能够用上让人印象深刻的词汇。的确，有时候最合理的单词会是一个不寻常的多音节大词，如"犀牛"（rhinoceros）。但也有的时候，唯一合理的单词只是"和"（and）。对于 A 型人格的人，这是一个很好的练习，它教会他们在某些时刻，每一个人都不得不扮演配角——我们无法永远是明星。这场练习几分钟后就会结束，结果你也可以想象，通过这样编出来的故事会非常滑稽曲折、出人意料。个体参与者以他们独特的方式，肯定和创造了一个个比各自单独思考要有趣得多的故事。

有部分人在这种练习中会感到十分折磨。我们很多人都会希望自己提出一个好主意——一座完全建好的教堂，也许这样我们就能拿到满分。在"单字故事"的练习中，这些人会以各种途径摆出高姿态、抢夺掌控权。他们会犯规，提供完整的词组而不是单个单词来构建故事情节；他们会忽略前面成员的单词，不管有没有意义，强行塞进自己的想法；当他们不喜欢故事的发展方向时，他们会批评别人的贡献；等等。

听起来耳熟吗？在自己的组织中看到类似行为并不算是一种拓展。人们有了某个想法后，就会固定在那个想法上，无法找出别人的贡献。有时候好想法的确会这样产生，但是更多的时候，这些初始的念头并不能发挥它们的潜力。当这样的情况发生在我们的培训课上时，我们要做的第一件事情就是让这些人按规则玩游戏，不要用自己的智力和虚荣心来让游戏变得"正确"。然后，我们会再次强调这个游戏教给我们的：我们都是这场讲故事游戏的一部分，最有创意的、最独立作业的人，即便我们退了一步来做一个小角色，仍旧能做出重要的贡献。这是领导者应当经常与他们的团体分享的一条信息。

这个练习教给了我们什么？首先，每一份贡献都很重要，即使有些贡献看起来很小。公司常常只会给那些看起来微不足道的主意一些实惠，而不这样做的公司——那些全然遵守"是的，而且"的——就能看到自己创新成功的概率一跃而上。如果你的团队能共同合作建造一座教堂，而不是等着某一个人一次性提供，那么你们就能事半功倍了。

其次，因为每一份贡献都很重要，所以每个人都要参与并做出贡献。他们不能退出或不加理会,因为如果这样做,他们就会拖整个团队的后腿。这场练习让每个人都清楚,无论他是多么冒失和傲慢,或者安静和内向,他都需要做出他们的最佳贡献,否则这个团队就会遭殃。

最后,这场练习给人们提供了一种安全的方式来练习放弃对团队的控制,并揭示了当人们不再试图掌控每个结果的时候,突破就会发生。无论是在这场练习中还是在公司里,"集体的智慧是无穷的"这句话都是有道理的。

"是的,而且",不是什么?

显然,我们是"是的,而且"的真实信徒,你甚至可以说我们整整55年的历史就是运用"是的,而且"的一个鲜活例子。我们的发展的确始终是在肯定和创造有效的想法。我们从一个简单的舞台起家,现在已经发展成为一家多层面的娱乐和教育组织,从芝加哥本土向全球拓展。现在我们已然可以将"是的,而且"作为一个动词使用。我们会在会议上"是的,而且"我们同事的观点,我们也会朝着全新的企业、合伙人和项目"是的,而且"我们的发展。

它不是"不"的替代词

但即便如此,我们也知道"是的,而且"是有其使用的恰当时间和地点的。在我们的公共及私人培训课上,不可避免地会有这样的时刻:某个人在对企业文化中运用"是的,而且"方式的实用性提出滔滔不绝的批判。"但说实在的,不是每一个想法都是好想法。如果我们陷入了一味支持糟糕想法的泥潭里,我们的工作还如何能富有成效?"

我们从来没有建议别人或公司要对遇到的每个想法说"好"。我们从事的是喜剧行业,但是即使是我们也会有局限性。有一些时候,我们不得不对别人说"不"。甚至在有些时候，"是的，而且"是可操纵的，会产生事与愿违的效果。

它不是谨慎、品质甚至是常识的替代品

"是的，而且"是思维起始阶段的最佳途径，它能让个体和团队展现出最好的自己，从而也为整个房间贡献出最好的主意。

正如棒球运动员赛前在场地上练习投球一样，我们大脑中寻求创意火花的那部分也同样需要先热身，再进行头脑风暴。在创意会开始的时候就实行"是的，而且"方式可以促进会话交流。

你对想法进行理解、分析，然后将其丢弃，但是不要在想法被大家所知之前就丢弃。

它并不总是被用于好的方面

有相当一部分人是如此精于说"不"的艺术，他们会用"是的，而且"来伪装"不"的本意。1997 年上演的时事讽刺剧《消失的范例》（*Paradigm Lost*）中，蒂娜·菲和斯科特·艾德斯特构建了一个场景，完美地阐述了这种操纵。在第二城市期间，蒂娜是一个极其狂热的性别歧视和政治观察者。在这一幕场景中，蒂娜和斯科特扮演了两位为了准备一个合作项目第一次见面的教授。蒂娜正在批改论文，这时候斯科特进来了。

> 斯科特：学生的论文吗？
>
> 蒂娜：是的。
>
> 斯科特：主题是什么？
>
> 蒂娜：科沃基安。
>
> 斯科特：噢，科沃基安，死亡医生。真是一个怪兽，他就应

该被永远抛弃,不是吗?

    蒂娜:所以你不喜欢科沃基安是吗?

    斯科特:这个恐怖的人,谋杀者。

到这里,斯科特扮演的教授已经很清楚地发出了挑战。他从道德上反对杰克·科沃基安医生的工作——医助自杀。

    蒂娜:好吧,我认为既然陪审团对他的案子实施了否决权,说明这仍然有一片灰色地带。

    斯科特:真的吗?

    蒂娜:这里出现了一个道德问题,而我们现行的法律无法对此做出解释。我的意思是,你见过他协助自杀的那些人吗?他们的身体被病痛折磨,而他们的思路却是完全清晰的。

对斯科特扮演的角色,蒂娜显然是不同意的——在科沃基安的问题上,她采取了相反的立场。现在来看看斯科特扮演的教授是如何操纵蒂娜扮演的角色,使她转换立场的。

    斯科特:好吧,他们遭受着巨大的痛苦,这是很明显的。但是这些人处在他们生命的最后阶段,他们不会想要某个陌生人进来坐在他们床边,告诉他们应该活着还是死去。

    蒂娜:是的,他们想要自己做决定。

    斯科特:就是这样,这就是我的观点。他们应当能够自己来做这个决定。如果他们想要死,他们应该被允许去死。我只是很高兴会有人向科沃基安这样愿意做这件事情,我很诧异他居然会被审判。

蒂娜：所以我们其实是一致的咯？

斯科特：是的，我支持科沃基安。

作为对他们的讽刺目的的致意，蒂娜和斯科特把这一幕命名为"是的，而且"。

"是的，而且"的敌人并不总是房间里那声最响亮的"不"。通常，他们用嘴巴说着"是的"，却用行动说着"不"。坦白讲，我们第二城市与其他任何企业一样，也容易受到这些现象的侵害。第二城市的创作团队进行过一次快速的调查，提供了以下这些在这座即兴表演的神圣殿堂里出现的反"是的，而且"时刻——

- **通过数量获得"不"的声音**：如果你是头儿，而你的团队达成的一致意见并不合你意，那就不断地向房间里抛出声音，直到你获得了你想要的"不"。

- **"是的，而且"，我在越界**：如果你想要参与别的部门的事情，而又没有受到邀请，那么"是的，而且"是一个很好的借口。它是一件利器，只需要声称自己是在"是的，而且"，就能让你插足你既不熟悉又不被需要的领域。

- **"是的，而且"，好走不送**：有时候你可以清楚地看到对方的行为将会把他们带向灾难的边缘。如果你不喜欢他们，只需对他们的想法进行"是的，而且"。这样，你就能毁掉他们，而且不用受到"缺乏团队精神"的责备。

- **不，但是，是的，而且它是我的主意**：当有人对某个想法着重反对时，你只需采纳相同的想法，而且对他们精彩的思维进行称赞。

- **是的，而且他们会忘记自己曾提出这个想法**：有时候你只需进行"是的，而且"来暂时地让别人闭嘴，因为你深知他们最终会忘记自己首先提出了这个想法。这个策略可以巧妙地避开说"不"。

● **既不说"不"也不说"是"的权利**：维护自己的权利，不要在任何事情上选择立场。如果你从来不做决定，那也就没有人能说你做的决定很糟糕。

　　总而言之，总会出现各种反对的声音，正如我们在工作和生活上接触的那些人里，总会有人对"是的，而且"的工作模型不断提出挑战。开始头脑风暴前，别忘了提醒自己希望如何进行"是的，而且"；给团队一个机会练习"是的，而且"；使用你可以支配的所有工具——语言、身体信号、幽默——来塑造包容性；清楚地表明你希望他们能为别人的想法留出空间。

　　根据我们与企业客户的合作经验，"不"通常是默认的答案，它作为一个反射性的回应，是避免风险和失败可能性的一种方式。这可以理解，但它同时也有很大的代价——那些从来没有提出来的想法、还没实践就被否决的方法、受到阻止而从来没有发挥出潜力的团队，很难对"不"文化的负面影响进行实际的量化，但是这种影响有许多表现形式，包括很高的客户不满意度和员工对工作及公司的参与度的流失。

　　我们在最后真正想说的是，如果你想要创造一个快速、创新、相互支持、持久高效的工作环境，"不"就不能成为你的默认反应。"是的，而且"给予了这个世界速度、能量和前进的动力，它也让实践它的人相信，无论在工作或私人生活中遇到什么，他们都能无中创有，并且创造出一些美好的事情。

第 3 章

如何建设一个团体

Yᴇs, Aɴᴅ

团队建设是企业中一个老生常谈的话题，我们提供了一系列团队建设课程，力求强固个体在小组中的角色，从而达到小组整体提高的目的。但是在第二城市，当我们形容那些进行创造性活动的人时，我们使用的词语是"团体"。以下的定义可以让你体会其中细微的差别——

团队：由一群人组成的比赛或竞赛中的一方。

团体：一件事物中的所有部分，因此每个部分都只能与整体关联考虑。

"团队"暗示着竞争，意味着小组面对的一些外部敌对因素。"团体"则没有这样的含义，它就是自己本身的一个东西，一个只有作为整体运作时才有意义的实体。

团队有先发队员和板凳队员。在一支高中篮球队12名队员中，任意一位队员的家长都能清楚地告诉你场上存在的绝对等级，这种等级清楚地传达了团队中某些队员是重要的，而有些则不那么重要。然而，团体则不同，它可能有一把手、二把手、三把手，但是所有这些人都在舞台上，几乎每幕都有他们。

在第二城市，我们相信团体建设，而非团队建设。一个高效能的团体是管理层和员工的礼物。主管和经理能从一个精心优化的团体中获益,这样的团体能够独立地产出和执行想法,同时作为一个整体与公司同步。个体能够获益是因为与自己一样甚至更优秀的人工作,能让他们变得更好。团体对你的提升与你工作时用到的不同技能直接相关。看一看我们公司的历史:一个在过去 50 年里培养出许多喜剧明星的剧院团体,明星的数量要多于其他任意一家戏剧机构。

简单来说,明星来自团体,但从不牺牲整个团体更高的需求。

让我们明确一点,我们并不是完全地反对"团队"这个词语。实际上,我们经常使用这个词语来描述组成我们公司的不同小组以及与我们合作的许多公司,但是这个词语并不意味着一个高效能团体拥有的深度和共享的责任。

本章将解释为何在企业进行团体建设十分重要。我们将看一些团体建设的具体例子,以及我们如何在第二城市进行这种建设,如何将我们的方法论传播给一系列别的公司。我们将研究怎样的因子能创造出最好的团体,探索可能阻碍它们联合的障碍。我们知道,不是每个公司都有能力从零开始建设团体,因此我们会给出一些有助于将目前的团队转化成团体的具体练习。

建设团体的理由

让我们从这句话开始:成功的单人演出很少是真的单人的。这是一个神奇的美国神话,当一个专注的企业家受到了轻视和嘲笑,以及来自朋友、家庭和其他不信任其梦想的人的伤害时,他却在坚定的决心中获得了成功。这样的故事会是一部很好的电影,但它并非全部的事实。从福特到乔布斯,有一大把被简化了的成功故事,这些故事剔除了一群有创意和没有创意的同伴对成功的贡献。

除非你是在参加个人游泳赛,否则很有可能你的工作能否完成将依赖于你与其他人是否能够成功互动,这些人有的可能是你亲自挑选的,但更多的是因为工作需要才遇上的人。

因此你每天的工作就是与其他人不断地近距离互动。然而,当你需要创新时,你就得把这种互动推向一个新水平。任何一家公司开始负责一个大项目后,他们会形成任务小组和团队,因为他们清楚,只有各团队和小组的人同步工作,目标统一,成功才会有保证。

从硅谷到苏豪区(SoHo)①,以合作、跨界混搭、合伙形式构建的团体已经成为创新领域的一股强大力量。埃里克·莱夫科夫斯基(Eric Lefkofsy)和布拉德·基威尔(Brad Keywell)的轻银行(Lightbank)是芝加哥一家前沿的风险投资公司,它为专注研发颠覆性技术的新技术型企业创造了一个企业生态系统。沿着位于芝加哥河两侧的公司漫步,你会看到许许多多的公司,如贝利(Belly)、乐酷(Locu)、Q 维基(Qwiki)、西皮斯特(Hipster)等,这些公司共享着空间和资源。正是有了这样的创意安排,最好的措施就能快速得到分享,邻近的人才库每天都能产生意外的成果。莱夫科夫斯基和基威尔用相近性建造了团体,他们打赌,来自不同领域的创造性人才通过一段时间的并肩工作能够相互受益;而共享的空间可以促进互动,这些互动也许只是随意的开始,但却有可能导向新的发现和项目。

合作可以创造协调效应

在艺术领域,埃尔维斯·科斯特洛(Elvis Costello)曾经发现他的

---

① 苏豪区是纽约市曼哈顿内的一个区域,以北面的休斯教街、东面的拉斐特街、南面的运河街与西面的瓦瑞克街为界。苏豪区在 20 世纪六七十年代开始著名,原因是一群艺术家被此区的廉价租金吸引,开始租用渐渐搬走的工厂,将其变成办公室及摄影楼,其邻近区域也在其后的数十年内急速发展。最后,真正的艺术家又渐渐搬走,余下艺术馆、精品店、特色餐厅及年轻专业人士留守。这种发展被称为"苏豪效应",在美国多个城市都有出现。——编者注

合作专辑总是卖得比独唱专辑好。从阿尔文·艾利(Alvin Ailey)到泰拉·撒普(Twyla Tharp)的伟大的现代舞蹈家们,都因为有了伴舞的投入(常常是即兴舞蹈)而创造出了自己的舞蹈。百老汇的音乐剧《昏昏欲睡的女伴》(*The Drowsy Chaperone*)大获成功,而它原是 1997 年一位多伦多作家兼表演家写给第二城市校友鲍勃·马丁(Bob Martin)和珍妮特·凡·德·格拉夫(Janet Van de Graff)的结婚礼物。这对夫妇决定接受这份"礼物",于是它就成了多伦多艺穗艺术节(Toronto Fringe Festival)上的一个演出。接着,多伦多充满传奇色彩的马维殊制作公司(Mirvish Productions)也加入了进来,他们与创意人员合作,将这部作品带向了 160 人座的帕斯城墙剧院(Passe Muraille Theatre)进行更大规模的商演,紧接着是一场 1000 人座的冬季花园剧院(Winter Garden Theatre)的演出。在一些百老汇制作人参与后,《昏昏欲睡的女伴》于 2006 年在百老汇首次上演,继而赢得了托尼奖(Tony Award)最佳音乐剧奖。

每一次成功的合作都会产生一个美国在线时代华纳(AOL Time Warner)①或者绿洲(Oasis)②乐队。回头看看,美国在线与时代华纳从来不是一次公平的合作。在合并时,美国在线(American Online)的价值几乎是时代华纳(Time Warner)的两倍,但是现金流仅仅只有华纳的一半。内部的人说,这两股文化从来没有融合过。至于英国的摇滚乐队绿洲乐队,我们只能说,有时候兄弟之间并不能和睦相处。

建设一个伟大的团体需要包容个体的差异——甚至是分歧,然后以一种互补的方式将他们融合,使团体运作得比任何个体单独作业时

---

① 互联网巨头美国在线(AOL)与传媒巨人时代华纳(Time Warner)在 2000 年 1 月 10 日宣布了合并计划,合并后的新公司命名为"美国在线时代华纳公司"(AOL Time Warner)。——编者注

② 英国最受欢迎和最受评论家承认的乐队之一,于 2009 年 8 月底宣布解散。——编者注

都要好。有才华的人之间快速地交换想法能促进创造和创新，而且，建设一个由人才组成的团体就是在为公司的生存和发展奠定根基。

团体留住人才

几年前，《洋葱报》（*The Onion*）①的执行董事前来参观。这是一家传奇的讽刺性媒体公司，最近刚把总部从纽约搬到芝加哥。我们的交谈转向了留住人才的话题。"你们是怎样留住人才的?"他们问。我们回答道："我们不留。"

在第二城市，我们培养年轻的喜剧声音，他们的第一份职业通常是在联合舞台上。这批人终会离开，这是不可避免的。第二城市的智慧——这是在我们加入这个公司之前就已经有的——是创造一个持续更新其创新人才库的体系，每一代艺术家都会把我们的即兴表演方法论教给下一代。当一位演员从我们的舞台离开后，他就向下一代最好、最有前途的喜剧演员敞开了大门。这样的人才循环教会我们，一个团体并不是一个成员固定的小组。在第二城市，"团体"只是一种团队机制。每一个团体都是独一无二的，每次有一位新成员离开或加入，一个新的团体就形成了。当我们处于最佳状态时，我们就会拥抱每一个新的团体，祝贺它采用了与之前的团体不一样的工作方式。我们关注之前团体的成员带给新团体的东西，但重要的是，我们不会想要复制那些技能。相反，我们重视新团体成员的贡献，允许团体发生变化。

在公司内部建设发展团体会让你有明显的优势。不用被迫依赖于某个创意声音来指导整个公司，你可以自己创造一组创意的声音，这些人参与度强，有责任感，把保护、维护和发展公司视为己任，他们也做好

---

① 《洋葱报》是以讽刺新闻著称的新闻机构，拥有报纸、网站、广播、A. V. 俱乐部等产品，成立于 1988 年，总部位于美国芝加哥。——编者注

了准备迎接新的创新声音。除此之外，建设一个人人担责、人人受重视、人人被鼓励贡献的团体，实际可以减缓人才的流失。人才总是会被更大、更好的机会吸引，那么为什么不向他们提供足够的机会来使他们变得更优秀呢？

只有在一个高效能的团体里，人才才能持续地进出。我们的团体从 1959 年 12 月开始就一直如此，从不封闭，总是适应新的声音。

团体工作真的很难，但是很值得

公司越大，保持团体团结性的难度就越大。大多数企业人都不打算建立一个相互隔离的人际网，但是他们也体会到了参与某个大项目的人越多，这个项目就会越慢、越难做、越复杂。

应对这种现象，进行大项目的人通常会做大部分理智的人做的事情：做好手边的事，倾听边上的声音。我们听到过类似这个的就是"拯救大兵瑞恩"效应，人们最终只为最亲近的一小圈人努力。在这部电影中，被派出去寻找和拯救大兵瑞恩的士兵最终都是为了对方而战斗和牺牲，并不是为了更为抽象的自由和民主。在战争中或大公司里，应对复杂性时，最简单、最自然的反应是避免不需要的合作，以免使事情比原本更困难或者更有风险。

然而，虽然合作具有挑战性，但是我们也从经验中了解到，紧密、高效的团体可以创造出个体无法完成的东西。

我们每天都在舞台上看到这一幕。我们以团体的方式创作内容，这个流程使我们在 50 多年来一直保持着稳定的生产。此外，我们也一直将这份技术在各种平台上传播，用团体建设方式帮助提高老师与学生的互动效率，非营利性地协助领导者进行社区建设，帮助点燃企业员工团队的创造火花，否则他们的工作就几乎或完全没有导向。

最近一次与医药器械公司巴奥米特（Biomet）①的合作表明，我们对人才管理和发展的途径可以应用于那些表面上看来远远不同于第二城市的领域。与我们合作的是巴奥米特的一支生产团队，它正面临着重大的，甚至是令人沮丧的挑战。该团队是全球性的，有在美国及英国办事处以外工作的员工。尽管存在着时差和文化差异，他们仍希望能在各区域办事处之间建立更加牢固的联系。他们从事的是高度管制的医药器械行业，但是他们还是想要鼓励自己的员工成为创造性思考者。他们希望授权各区域团队独立做决定，但是他们也需要帮助这些团队有效地管理冲突，使各区域团队能统一化，甚至在很难达成协议的情况下仍能取得进展。

在一些接触之后，我们制定了一个系列的培训课，帮助他们以一种能够超越文化差异的方式更加开放地交流，形成一个更具黏性的团体。我们也向他们展示了如何营造一种氛围，鼓励和支持员工对长期存在的问题提出创造性的解决方案。在这一系列的课程里，我们开展了数十种即兴练习，每次练习之后进行一个小汇报，将练习与现实世界的应用进行关联。第二城市训练中心的共同创办人谢尔顿·帕汀金（Sheldon Patinkin）常常说，即兴游戏的闪耀处就在于，只要一起玩这个游戏就能够创造团体。

我们进行的其中一个有效练习叫作"不带'我'字交谈"。正如名字所暗示的那样，这个游戏将参与者两两配对，然后互相交谈，交谈中不得使用"我"字。按照我们培训课的习惯，参与者可以聊任何事情，这就可以帮助他们将焦点置于不带"我"字说话，而不是工作相关的聊天内容——我们已经发现这种话题会让参与者偏离练习的主旨。"不带

① 巴奥米特公司是一家位于印第安纳州商业集群华沙的医疗设备制造商，公司从事整形产品售卖、整形手术、神经外科等业务。2015年，巴奥米特成为新公司齐默巴奥米特的一部分。——编者注

'我'字交谈"让人们意识到自己在分享想法、反馈或者建议时,总是会按照自己的观点对信息进行过滤。通过这个练习,人们学着用一种团体伙伴更容易明白和理解的方式来阐述事情,从而表现出更强的同理心,而这样的同理心常常可以触发同事更高的参与度,或者至少可以在不同意见出现时将冲突最小化。这是授予"他人导向"价值的一种有趣方式。做完这场练习后,我们讨论了要成功完成练习的要素以及如何在分享想法或者评价别人的建议时更加清楚自己的观点。正如弗朗西斯·斯科特·菲茨杰拉德(F. Scott Fitzgerald)所写的:"一流智慧的检验标准,是有能力在脑中同时具备两种相反观念,又仍然维持正常行事的能力。"在团体中能够有效工作的个体正是一直遵守着这条动态法则。一方面,他们要求自己的想法得到倾听;另一方面,他们又十分清楚自己的想法——无论多么高明——只有得到了别人的拥护才能得以实施。

其他团体成员的重要属性包括当即退出和运行的能力,掌握给予和索取的角色,抛弃总是"要求正确"的需求,但是一切都要从角色分配开始。在你们的领域,可能将其称为招聘。

你必须理解的第一件事情就是这并不容易。就如第二城市一位长期导演杰夫·里奇蒙德(Jeff Richmond)在一次特别糟糕的即兴表演课程结束后,在制作人桌子上留下了一张潦草涂写的纸条,上面写着:"这是最没有效率的艺术创造之路! 有史以来最差!"

以下就是原因:在一个团队里,你很容易受到每一位成员的心情、负担、情绪或别的东西的影响。你需要促成并维持共识,你需要一直清楚团队动态在如何影响着每位成员,你也必须知道每个成员是如何影响这个团队的。人很复杂,团体也一样。

团体必须随着团队动态的变化持续做出相应的变化。在有脚本的剧院,导演对剧中的每个演员进行指导,尽管对潜台词的理解因人而异,但是演员的台词不会改变。在商业领域,职业生涯常常也是以同样的动态开始。我们拿到一份脚本(或者职位描述)来遵守,如果遵守了,那么每周就可以持续领到薪水。但是,在任何公司,一旦等级上升了,就意味着你不再依赖于别人的脚本,通常你要自己写自己的脚本,也要为别人写脚本。团体要运作,每个人都必须要灵活变通。

在运动场上你也能看到灵活变通的团体工作案例。想一想20世纪90年代空降球场的伟大的芝加哥公牛队(Chicago Bulls),从乔丹(Jordan)到皮彭(Pippen),再从乔丹(Jordan)到克尔(Kerr),他们都是依赖于扎根练习和重复练习的本能。更重要的是,只有队伍中每个优秀的个体交出了自己的一些荣耀,以一个整体来比赛,这样才会获得成功。乔丹也许算得上篮球历史上最伟大的球员,他在赢得NBA冠军之前打了7个赛季。他的职业道德是无可匹敌的,球队的其他球员都已经回家很久了,他依然在场上练习罚球。但是,直到菲尔·杰克逊(Phil Jackson)教练说服他的这位巨星球员进行即兴篮球计划,芝加哥公牛队才连续拿了6届总冠军。正如杰克逊自己说的:"篮球不像足球有着自己预先规定的路线,它是一种即兴游戏,和爵士很像。如果有人掉了链子,另一个人必须踩进那个空位,重新打起节奏,维持整支队伍的正常运作。"

在商业领域,企业领导正在意识到团体是推动进程的关键。在2009年《纽约时报》(*New York Times*)的一个采访中,达登饭店(Darden Restaurant)①的CEO小克拉伦斯·奥蒂斯(Clarence Otis Jr.)在说起团体的重要性时谈到了他在剧院的背景:"现在越来越重要的是团队建设而不是完成工作,让有能力、有才华的人坐到合适的位子上指导工作,让他们来做。"

一个伟大团体的基础是人才。撇开杰夫·里奇蒙德的沮丧时刻

---

① 达登饭店是全球最大的休闲连锁餐饮集团,运营超过2100家餐厅。——编者注

[他后期协助制作了一个以优秀团体为基础的、有史以来最好的电视喜剧《我为喜剧狂》(*30 Rock*)①],团队最后一旦能完美地运作,就能收获神奇的成效。

如何建设一支伟大的团队

人们钟爱清单。清单很容易理解,而且无需任何叙述就可以自己讲述一个故事。以下这个清单怎样? 迈克·尼科尔斯(Mike Nichols)、伊莱恩·梅(Elaine May)、埃德·阿斯纳(Ed Asner)、谢利·伯曼(Shelley Berman)、杰里·斯蒂勒(Jerry Stiller)、安妮·米拉(Anne Meara)、艾伦·阿金(Alan Arkin)、芭芭拉·哈里斯(Barbara Harris)、塞弗恩·达登(Severn Darden)、弗雷德·威拉德(Fred Willard)、琼·里弗斯(Joan Rivers)、罗伯特·克莱因(Robert Klein)、艾伦·阿尔达(Alan Alda)、戴维·斯坦伯格(David Steinberg)、瓦莱丽·哈珀(Valerie Harper)、琳达·拉文(Linda Lavin)、迪克·沙尔(Dick Schaal)、彼得·博伊尔(Peter Boyle)、丹·艾克洛德(Dan Aykroyd)、约翰·贝卢氏(John Belushi)、吉尔达·拉德纳(Gilda Radner)、比尔·默里(Bill Murray)、约翰·坎迪(John Candy)、凯瑟琳·奥哈拉(Catherine O'Hara)、马丁·肖特(Martin Short)、尤金·利维(Eugene Levy)、哈罗德·拉米斯(Harold Ramis)、戴夫·托马斯(Dave Thomas)、安德烈亚·马丁(Andrea Martin)、乔·弗莱厄蒂(Joe Flaherty)、迈克·迈尔斯(Mike Myers)、瑞安·斯泰尔斯(Ryan Stiles)、丹·卡斯泰拉内塔(Dan Castellaneta)、理查德·金德(Richard Kind)、科林·莫克里(Colin Mochrie)、朱丽亚·路易斯·德赖弗斯

---

① 《我为喜剧狂》是由蒂娜·菲所创的美国情景喜剧,其试播集于 2006 年 10 月 10 日通过 CTV 电视网在加拿大首播,再于次日通过全国广播公司在美国播出。——编者注

(Julia Louis Dreyfus)、简·林奇(Jane Lynch)、鲍勃·奥登科克(Bob Odenkirk)、杰里米·皮文(Jeremy Piven)、克里斯·法利(Chris Farley)、蒂姆·梅多斯(Tim Meadows)、亚当·麦凯(Adam McKay)、史蒂夫·卡莱尔(Steve Carell)、戴维·科沁讷(David Koechner)、斯蒂芬·科尔伯特(Stephen Colbert)、艾米·塞德里斯(Amy Sedaris)、蕾切尔·德拉彻(Rachel Dratch)、霍雷肖·桑斯(Horatio Sanz)、蒂娜·菲(Tina Fey)、埃米·波勒(Amy Poehler)、基根·迈克尔·基(Keegan Michael Key)、贾森·苏德基斯(Jason Sudeikis)、艾迪·布莱恩特(Aidy Bryant)、塞西莉·斯特朗(Cecily Strong)。

以上每一个人都在第二城市驻足过,有作为我们的前辈的——来自指南针剧团(The Compass)①的表演家,也有在巡演团体或者我们的常驻舞台的。一代又一代顶层的喜剧家在同一家机构进行核心职业培训。显然,某些东西是有效的。

这些年来,我们开启了许许多多伟大艺术家的生涯,尽管将这些积累下来的不可思议的成就当作神话会有趣得多,但是事实上,在建设这个现在已经十分成熟的学校和专业舞台的过程中,我们拥有了许多才华横溢的人才资源。那些在第二城市学习之后,从未真正在我们的专业舞台上出现过的人员几乎同样令人敬佩,这份名单包括如基努·里维斯(Keanu Reeves)、哈利·贝瑞(Halle Berry)、乔恩·法夫儒(Jon Favreau)、凯特·沃尔什(Kate Walsh)、克莉丝汀·夏尔(Kristin Schaal)等在内的著名影星,以及《致命糖衣锭》(*Kids in the Hall*)②中几乎所有的演员。

---

① 即兴喜剧团,1955—1958 年活跃于芝加哥和圣路易斯,是"第二城市"剧团的前身。——编者注
② 《致命糖衣锭》于 1996 年上映,是凯莉·马金执导的喜剧片,达夫·弗雷、布鲁斯·麦克库罗奇等主演。——编者注

我们招聘的方式可能很简单，但是入聘的人员并非千篇一律。正如你不会在一支棒球队内安排 9 名右撇子强击手，组成一个舞台团体的演员需要通过他们技能和性格的多样性使整个团体更加优秀。因此，在建设一个优秀的团体时，我们寻找的各种各样的个体，每个人都有自己的强处，而且这种强处可以在组内得到进一步提高，而他们的弱点则会最小化。企业也必须这样，管理人员辨认员工核心才能的能力——无论是首席级别、中层管理，还是工作人员——对形成一个高效能团体十分重要。

同样，招聘也不只是为了给企业提供各种各样的专业技术。实际上非常简单，来自相似背景的志趣相投的人会带来相似的成果。但是我们当前生活的这个世界要求我们挑战现状，它需要各种各样的方式来解决现实问题。因此，招聘是为了聚集不一样的声音和生活经历来点燃创新的火花。

换句话说，招聘得好常常意味着招聘得不一样。

"如果没坏，就不要修。"这句谚语一般是属实的，但并不总是明智的。我们在第二城市费了一番苦功才认识到这一点。在 20 世纪七八十年代，我们的团体开始采纳另一种模式，这种模式在某种程度上是能预估得到的。一个异性恋男性，一个幽默的胖子，一个无邪的少女，再加上一个有个性的男演员和女演员——这就是一个经典的第二城市演员阵容了。在《辛普森一家》(The Simpsons)的 2007 年季，主人公荷马访问芝加哥那一集中，我们就中了一枪。悬挂于威尔斯街（Wells Street）①著名的拱门前的那幅活泼的标语说："看一眼伟大的喜剧演员，趁他们还没有发福。"

---

① 威尔斯街位于芝加哥市中心的主要南北道路。最初叫第五大道，是为纪念名叫威廉·威尔斯的美国陆军上尉在迪尔伯恩堡战役中去世而改名为威尔斯街的。——编者注

最初的 30 年里,我们在芝加哥的演员几乎都是男性、高加索血统、异性恋。我们与大多数美国公司的差别很不明朗。

当产品大卖而客户又满意时,你很容易就会止步于此,洋洋得意。许多人发现只有在危机时刻,没什么可以再损失了,人们才更容易去冒险。但是,成功也应当带给你反省的机会。创新者不会止步于此,即兴表演者是不会坐享安宁的创造者,风险是他们的终极催化剂。我们最初的典型演员阵容就是来自某种低迷,而这种低迷实际正是出自我们的成功。

安德鲁·亚历山大从来没有明白芝加哥第二城市的性别不平衡从何而来。20 世纪七八十年代,他曾在加拿大多伦多与经典的 SCTV①电视剧一起做运营,那儿的演员阵容几乎总是性别平衡的。最终,安德鲁下了一个挑战——第二城市所有的演员阵容都得男女平衡。一开始实行性别平等的是每个巡演公司,在接下来几年,第二城市的主要舞台和第二城市其他公司也都实行了性别平等。

1996 年在芝加哥第二城市主舞台上演的时事讽刺剧《公民大门》(*Citizen Gates*)是第一批实行演员阵容性别平等的,蒂娜·菲就是其中的一员。另一名成员就是蒂娜之后在《周六夜现场》的搭档蕾切尔·德拉彻,而第三位团体女成员詹娜·霍洛维姿(Jenna Jolovitz)则在后来继续写了《电视狂人》(*Mad TV*)②。

今天,在第二城市训练中心参加课程的女性比男性更多。我们认为这个现象的相当一部分原因是数年来在我们的舞台上女性和男性的数量是平等的。然而,演员的肤色问题却另当别论。

1992 年,凯利开始担任第二城市的制作,同年,安德鲁创建了第二

---

① SCTV(第二大城市电视)是一个来自加拿大多伦多的电视台。在 1976—1984 年,它是第二大城市剧团的主要喜剧分支。——编者注

② 《电视狂人》是以幽默杂志 *MAD* 为基础的喜剧电视节目,于 FOX 播放。——编者注

城市拓展项目，旨在增加我们学校和舞台内容的多样性。拓展项目始于 4 月末的一个温暖的夜晚。随着罗德尼·金事件①的宣判，洛杉矶种族暴乱②在 1992 年 4 月 29 日爆发，而这一天安德鲁的行程恰好是从洛杉矶飞来芝加哥。飞机上升的时候，他看到下面街道上浓烟翻滚，那是一幕令人难忘的画面。之后安德鲁落地芝加哥，远离吞没洛杉矶城的混战几千英里，他立刻朝第二城市的主舞台前进，及时赶上了那晚的第三幕——即兴表演布景。在演员排练期间，即兴表演布景用于测试新的内容。演员不进行排演时，通常他们会基于当天的新闻进行即兴创作。自然，那晚的第一条就是种族暴乱。作为优秀的即兴表演者，演员们接受了挑战，勇敢地进行了尝试，他们以即兴幽默的方式谈论了正在西海岸实时发生的惨剧。但是有一个重要的问题：演员都是白人。

舞台是这样设置的：才华横溢的、认真的、有趣的白人试着与其他白人一起在喜剧即兴表演中寻找真相。但是这样的搭配既不能给演员，也无法给观众就此事件的任何有意义的见解。

第二天，安德鲁把凯利和管理团队的其他成员叫进办公室。"怎样能让我们的公司更加多样化？"他问。得到的回答包括"加进更多黑人演员"、"在我们的团体建设和舞台上欢迎更多不同的声音"以及"在全公司内将招聘多样化的人才作为首要要求"。于是我们也这样做了。那个夏天，第二城市拓展项目招待了 3 个当地喜剧团进行一系列的培

① 罗德尼·金事件，发生于 1991 年 3 月 3 日，堪称美国当代史上悲喜交集的一天。是日，伊拉克政府宣布接受美国为首的联军提出的停火条件，海湾战争正式结束。同一天，在美国第二大城市洛杉矶，4 名白人警察殴打黑人青年罗德尼·金的过程被人偶然摄入录像镜头，4 名警察遂因刑事罪遭到加州地方法院起诉。——编者注

② 1992 年洛杉矶暴动，主要指 1992 年于美国加州南部大城洛杉矶市爆发的一系列动乱，导火线为 1992 年 4 月 29 日当地陪审团宣判 4 名被控"使用过当武力"的警察无罪释放，导致上千名对此判决不满的非裔与拉丁裔上街抗议，最终引发一连串暴动，波及包括亚裔（特别是居于城中的韩裔）在内的各社群。——编者注

训课和表演：拉丁美洲剧团"沙拉桑巴"（Salsation）、亚裔美国剧团"翻炒周五夜"（Stir Friday Night）以及由第二城市协助建立的 GLBT 演员组（GLBT performers）[①]。更重要的是，在为专业公司招聘时，多样化被列在最重要特质清单上。

真是没有什么事比得上看一群自由主义白人在自己的院子里直面真正的种族融合。不是所有人都对安德鲁的计划感到满意，每个人都从理论上拥护安德鲁的想法，但是在意识到这将影响他们实际的日常工作后，一些人就失去了热情。对此最普遍的担忧是第二城市应当一直为团体聘用绝对"最佳的"即兴表演者，如果关注点放在性别或多样性上，我们就有可能牺牲质量。

但是，这种担忧忽略了定义"最佳"团体的潜在原则。团体是否"最佳"是由他们如何作为一个团队工作决定的，而不是相反。当成员组合在一起时，正是团体内部的这种不一样给了团体力量。如果把不同的技能组合成一个团体，将优秀的作家和优质的演员结合在一起，再依次将他们与最聪明的即兴表演者搭配，这样的组合没人会产生异议。如果在建设团体时同样考虑社会经济背景、年龄、性取向、性别或者种族等因素，得到的团体就有可能具有动态性，其集体视角也许能够对文化做出更加深远和重大的贡献，而这是全部由异性恋的白人男性组成的团体无法取得的。因此从这样的角度思考，安德鲁的计划并不突然。

如果在 20 多年前我们没有积极地选择做一家包容性的机构，那么现在也就没有那么多故事可以讲述。如果我们的团体中没有这些多样化演员，那么当这个国家选举出第一任黑人总统时，我们就无法这样有力地进行讽刺。当移民问题占据了新闻版面时，我们的舞台拥有拉丁

————————————

① GLBT 演员组，名为"快乐联合奖学金"，旨在让年轻的黑人演员也能在第二城市免费参加课程。——编者注

美洲演员的事实让我们可以从各种不同的角度来剖析这个问题。最近,同性婚姻主导了新闻圈,我们演员阵容中的成员已经就这个敏感话题创作了一些很棒的作品。

如果没有我们的多样性计划,我们就永远不会知道基根·迈克尔·基这位年轻的混种族演员的独特性。他参与了第二城市原创的时事讽刺剧《蝙蝠侠圣战》(Holy War, Batman!),亦名"勇敢的黄色出租车"(The Yellow Cab of Courage)。整个演出都是围绕一位巴基斯坦出租车司机展开。司机由基根扮演,他在世贸中心受到袭击之后的几天一直在芝加哥的大街上驾驶。基根扮演的角色遇到了针对这个事件的每一种反应——仇外、道歉、愤怒和悲伤。为了避免在袭击之后暴力发生在那些有着中东血缘的美国人身上,基根的角色在自己的出租车上插上了美国国旗,车内一直播放着李·格林伍德(Lee Greenwood)的爱国歌曲,所有的一切都是为了表明他的民族身份。由安迪·科布(Andy Cobb)和山姆·艾伯特(Sam Albert)扮演的两位乘客坐进了车里。

> 安迪:你来自哪里?
>
> 基根:我?我来自美国。
>
> 安迪:不,我的意思是,你从哪里来?从哪里?
>
> 基根:加拿大。
>
> 山姆:我猜他的意思是,类似,你祖籍是哪里?
>
> 基根:好吧,这是一个很长的故事,老板。你知道,我是从加拿大来到美国的,通过(闭着嘴巴含糊地说着,几乎听不清楚)巴基斯坦。
>
> 安迪:这就对了!我们都猜对了。
>
> 基根:是的,但是谁想谈论巴基斯坦呢,对吧?美国!美国!美国!

　　山姆：每个人都在摇着国旗，就像是给这个国家的政治伤口贴了创可贴，事实上这挺让我困扰的。

　　基根：噢！（基根在座位上滑了下去，安迪把他叫醒）噢！对不起。每次有人那样讲话时，我就会犯困。我们不会想要发生车祸的，所以……你最好闭嘴。

　　我们团体中一些人因为肤色不同而穷其一生都在体会排斥和放逐，因此有了比别人更深的理解。如果没有他们，那么这一幕以及这一个角色永远都不会出现。

　　第二城市一直在寻找新的、多样化的声音加入我们大家庭，在这个过程中，我们也受益匪浅。但是建设多样性不是简单地在大厦外面挂一块招牌，上面写上"欢迎所有的种族、性别以及不同性取向的人加入"。首先，这样的标语太长了。其次，你必须通过各种方式取得多种多样的主动权。

　　多样化的招聘途径也带给了我们无数的其他机会。我们目前正在训练中心规划一门专门针对年长者的即兴表演课程；我们通过在学校和社区的拓展活动向年轻人播下种子；我们通过培训课、讲座和开放日为这个实体空间带来各色各样的声音；我们在社团内部又建设了各种社团。一群来自我们学校和舞台的拉丁美洲的表演者组成了一个名为"洛克"（Loco）的剧团，这是一个双语剧团，专门从拉丁美洲的角度来探索喜剧。这个新的团队代表了另一个革命：根据皮尤研究中心（Pew Research Center）①的调查，到 2050 年，几乎每 5 个美国人中就有 1 个是移民；拉丁美洲裔人口将是目前的 3 倍，占未来 25 年美国总人口增长的大部分；而白人将占总人口的 47%。

---

　　①　皮尤研究中心是美国的一间独立性民调机构，总部设于华盛顿特区。——编者注

数字一直在变化，但这不仅仅只是数字。

现在，帮助你的团队成为一个团体

我们都没有那么幸运可以从头开始建设一个团体，或者亲自挑选自己的团队成员。通常我们带领的或所在的团队都是根据需要组合在一起的。那么，如何就目前正和你一起工作的同事创造一个更好的团体呢？作为一个个体，你可以怎样为你的团队做出更大的贡献呢？答案就是遵循直接摘自《即兴表演者手册》中的几条经典原则。

处在当下

在第二城市，我们在招聘时会重点选择那些知道如何"处在当下"的人。斯蒂芬·科尔伯特、蒂娜·菲、亚当·麦凯和无数其他为第二城市的舞台增添了光辉的校友都有这个特点，正是这一点让他们总是精力充沛、充满活力。他们都有一种稳定的能力，可以聚精会神于眼前的工作，无论这工作是排练一部来自 1977 年多伦多时事讽刺剧的 30 秒小品，还是在首都华盛顿的肯尼迪表演艺术中心（The Kennedy Center）的即兴演出。而台下那几百位蓝色头发的上流社会主妇显然并不喜欢他们，也不喜欢他们表演的喜剧。这是真实的，她们真的讨厌我们 1995 年的剧《满是蜜蜂的皮纳塔》（*Piñata Full of Bees*）。在那场演出中，整个团体花了很大的努力才能处在当下。

没有人能够每周 7 天、每天 24 小时都处在当下（除非你隐居在一个佛教寺院中，但是那里的即兴表演场景可能没有那么充满生气），因此我们要清楚工作日中哪些时刻必须全力展现自己，这一点十分重要。

当你在与你的同事交谈时，聚焦于眼前的讨论，不要去想之前的错误或者以往的成功。我们有时间去反省，也有时间做计划，但这两者的时间与创造和创新的时间是不同的、分隔的。简而言之,如果当时的情况期待着你的创意声音,那你就要处在当下,这很关键。你所有的能量都必须聚集在当下,这样你的当下才能是最好的,你的即兴表演同伴才能用上你所提供的最佳内容。如果你还在担忧你的下一幕或者上一幕;如果你的焦点是在《周六夜现场》的试镜;如果你被卷进一场内部批评,认为你刚刚在300个陌生人面前即兴演出时有一句台词是失败的——那么你当下的工作就不会成功。

在与同事进行一对一面谈时,不要检查邮件,也不要接任何电话。把精力集中在你面前的这个人身上,倾听他们在说什么以及没说什么,创造一个能够进行完全投入的谈话空间就是处在当下。这不仅能为你赢得同事的尊重,他们也更有可能选择相信你,向你倾诉,让你在公司里拥有决定性优势。

在团体会议中,要处在当下会更加困难,不是每场会话都能与每个与会者相关。然而,正是因为如此,让每个参与者都集中注意力就变得更加重要,尤其当你在团队中处于较高地位的时候。一旦有同事看到你走神了,大家就会受到准许一样开始松懈,各自开起小差。会议要简短、专注。正如在某场经典剧幕上,斯科特·艾德斯特(Scott Adsit)扮演的智能挑战公司副总裁对一位受到围困的人力资源总监所说的,"傻瓜,我很忙的,杰瑞,我还有事情要做"。

"处在当下"是一条贯穿了第二城市全部初级课程的哲学,它是奠定即兴表演基础的一部分。有一个练习可以帮助你处在当下:镜子练习。你可能已经知道了怎样做,因为许多训练项目、戏剧练习等都有这个内容。简单地将你的小组成员两两配对,每一对都面朝彼此。让其中一个人用他的脸和身体做一些细小的动作,另一个人则模仿他的每一个动作、手势或者表情。接着让两个人互换角色。最后,看看他们在没有规定让谁先开始的情况下,是否能够继续相互模仿。

正如运动员在竞赛前会伸展一下四肢,一个人若想要提高他的情商,也需要先进行这些肌肉的热身。镜子练习能帮助你练习关注他人,这是在一个团体内的基础。初始阶段的学生会倾向于让他们的镜子练习变得更加有趣——比如,想方设法让他们的练习搭档发笑——但是在这个练习中,有趣并不重要。练习的目的是学习并维持关注。

给予与索取

经常有人问我们,是什么因素使某个演出比另一个更好或更糟。第二城市的演出总是票房大卖,我们的顾客满意度报告也一直特别好。但是,每个人都有自己的喜好。如果某个演出不是那么好,那么即使观众一群群地涌入剧场,整个晚上都在开怀大笑,我们仍然不会称之为好,几乎第二城市的所有成员都这样认为。当团体内存在不满意的时候,这场演出一定没有达到品牌的标准,很可能这个团体没有达到给予与索取之间的平衡。给予者和索取者一定是存在的,但是团体内的每个人都需要同时做到这两种角色,这样才能建立起集体的生机与活力。

曾经在第二城市担任了 50 多年导演和老师的谢尔顿·帕汀金对"你只不过与你团队中最弱的那名成员一样优秀"这句格言做出了有趣的见解。他说:"在第二城市,一个团体的优秀程度与它对团体中最弱的成员的补偿能力相平。"这两句话的区别在于,在我们这个案例中,对于最弱成员的责任由团体而非个人承担。这直击了"给予与索取"概念的核心。在任何工作场景中,你都需要平衡给予者和索取者。有时候,人们就是不喜欢与别人分享聚光灯,因此在给予者尝试获取关注的时候,他们会进行干扰或者阻碍。有时候人们天生就是索取者。一提到第二城市,就能立刻想到约翰·贝鲁西、比尔·默里和克里斯·法利。不管想不想,他们中的任何一位只要踏上舞台就能获得关注。在办公室里，同样的情况也会发生在某个个体身上——无论他是否有意，他总会自然而然地主导着交谈。但是如果给予者不主动向前一步，在需要的时候不跳出来夺取关注，那么问题同样也会产生。

最近，我们参加了一场社交媒体会议以及由该领域一名年轻的专家主持的一个"互动性"论坛。开始几分钟后，我们的"专家"就失去了重点，她把一群专心、负责的成年人变成了一堆叽叽喳喳的初中生。在接下来的时间里，我们一直希望能够把这个人拉到我们的即兴表演课堂上，教教她如何进行关注。

你在工作中练习给予和索取吗？你应当练习。看一看你们中的那些成功企业家，他们是怎样进行给予和索取的。的确，管理学教授亚当·格兰特（Adam Grant）的研究表明，练习给予和索取的人比不练习的能享受到更大的职业成功。在研究了多种多样的职业场景之后，格兰特将工作的人主要归为三类：给予者、平衡者和索取者。他在某份研究中指出，"生产效率最高、错误最少的工程师都是为同事做得多，而自己获得的帮助少。索取与给予至少相等的工程师更有可能得到平均水平的成果，而给予者则走向了极端。同样的模式也出现在医学和销售领域，最成功的人是那些最会帮助别人的人"。

给予和索取不一定是单独的行为。你可以在整个公司贯彻给予与索取的职业精神，它要求每个员工都为公司承担责任。成功的企业团体能轻松又带着尊重地协调各部门。在一个了解整体大于局部之和的动态环境下工作时，给予和索取让我们时刻清楚别人、自己以及我们所取得的成果。

给予和索取行为包括：

- 为任何需要的员工提供辅导和建议；
- 清洗留在休息室里的几个脏碟子，无论是不是你留的；
- 参加个人或团队的庆祝会，无论庆祝的是公司哪个部门的成功；

● 花时间试着记住每个人的名字。

给予和索取与表示尊重一样简单。学会给予和索取不仅能为你的公司提供福利，也能极大地提高你在团体内的形象。这可能会让一些人吃惊，但是成为一名优秀的团体成员、优秀的队友或者优秀的同事是促进你个人发展的极佳途径。

与所有事情一样，让给予和索取成为你与他人互动的有机部分，是可以练习的。正如我们指出的，许多人甚至没有意识到他们能在某个方向倾斜得这么厉害，要么有太强的控制欲，要么过于不自信。出于这样的现实，要做的就是与员工交流，让他们知道自己给予和索取关注的能力尚且不够。只有当他们进行了这个练习之后，他们才会感受到区别，行为也就能发生改变。

还记得那个训练关注他人的镜子游戏吗？给予和索取练习则会教授你如何将这种关注置于房间内的每一个人。

队伍在房间里散开后，大声叫出每一位队员的名字，让每个人进行关注练习，他们可以使用简单的肢体信息对另外一名队员给出关注，比如注视着他们的眼睛，用手指着他们，或者碰一下他们的肩膀——任何能将注意力放在对方身上的动作。接着，每个人被要求以同样的方式去索取关注。他们可以跳到对方边上，或者堵在他面前，将他与余下的人隔开。最后，要求所有队员两项都进行练习——给出关注，然后索取关注，然后再给回关注。理想状态下，不同的团队队员能够以同样的程度熟练地给予和索取关注。另一种结果是，房间内一片混乱，每种结果都是一种教训。如果练习能够无缝进行，团体成员相互分享关注，一些人给予，一些人索取，他们就能从这种交换中找到秩序。如果练习失败，每个人都会感到困惑，最后什么也没有干成。

想象你在一个商务会议上，有个人一直在索取关注，即使他将关注度让给别人，那也只是短暂的一瞬，他马上又会重新拿回来。而会议上另外的人则十分松懈，既有愤怒也有无聊。这样一来，合作就不可能产生。如果有人只给出关注，他们不参与交谈，却强迫其他人去做，那么类似的负面结果也会发生。无论是哪种情况，给予和索取可以让会议成功得多。

除了"处在当下"，如果你还能向你的同事灌输练习"给予和索取"的能力，那么你就为更充足、更富有成效的交流打下了基础。

放开"要求正确"的需求

个体、机构和组织中"要求正确"的需求是团体通向创造和创新的一大阻碍，小小的行为会造成巨大的裂口。

"要求正确"的需求在我们的生活中泛滥成灾，一位同样来自戏剧界的人曾提出"人皆有过"。莎士比亚写出这句话已经有 400 多年，它至今仍然存在于日常词典中，这是有原因的。我们人类是不完美的，我们会犯错误。有时候我们是对的，但是有时候我们是错的。我们想象着这个世界 99％都会同意，这是一种基本的臆想，正是因为这样，我们才会吃惊于有这么多人认为他们必须每时每刻都要 100％正确。

花一小会儿时间想一想你曾经不得不遭遇的最难搞的人，例如在你的办公室、家里、公司里或者某个场合上。

是什么让这些人这么难相处？他们有自己的工作事项吗？他们想要按照自己的方式做事情还是希望走捷径？他们除了自己的声音还会听别人的吗？他们很有可能有着无止境的"要求正确"的需求，宁愿惹恼每一个人也不愿意做出一寸让步。这些人是具有破坏性的，他们将创新拒之门外。

如果你能建设一个团体，团队里人人都愿意放开"要求正确"的需求，那么你就能让团体的生产效率突飞猛进。创新在这样的团体环境下变得兴旺，每个人都变得更加开心。

不犯一个错误，"凡事要正确"的这种影响力不那么容易被打破。而且不幸的是，最盛行这种观念的人，恰是那些有足够权力让周边每一个人过上悲惨生活的人。如果你要安排某个总是要求正确的人到你的公司工作，找到某种方式——任何方式——让他们同意尝试一天"是的，而且"的工作方式。你可能还记得第一章描述过的那个练习，参与者必须将"不"这个字从他们的词汇中抹去。这一天内，他们必须说"是的"，他们也必须说"而且"，以此来回应任何别人对他们说的话或者任何所处的情况。

接着，坐下来看着这个人受尽挫折、满腔愤怒。你刚刚封锁了他们对任何有可能挑战到自己的观点的自动反应，你强迫他们使用包容、合作、尊重的语言，这真是要让他们疯了。

一次，芝加哥一家大型的文化机构邀请我们为他们开一个有关团队活动的培训课，我们就目睹过这一幕。我们向他们大概介绍了开设的培训课种类，但是，我们要求先进行一次会面，讨论一下这个团队当前的具体运作状况以及他们希望从培训课中获得哪些东西。简单介绍了 15 分钟后，客户就把事情都说明白了。进行整个培训课仅仅是因为一个员工，这个员工职位较高，拥有宝贵的技能，却让其他所有人都像生活在地狱一般。我们暂且称呼他为"吉姆"。吉姆不会倾听别人的想法；无论对方的职位在他之下还是之上，吉姆都会进行贬低；吉姆对任何事情的傲慢自大扼杀了每一个不得不和他一起工作的人的士气。但是吉姆又是他所在领域的专家，所以这个团队希望能改善一下情况。

培训课的第一个节目就是我们所称的"身份练习"。人们一直在谋取着身份，在生活的每个方面追逐身份。既然艺术是对真实的模仿，那么让喜剧中的每个人都理解身份就十分重要，他们要知道拥有身份、失去身份和从未有过身份分别意味着什么。导师将吉姆与一群在他手底下工作的员工安排在一起,她告诉吉姆这次练习的目的,吉姆必须在谈话中保持一种低身份。只有在有人和他说话时,他才能说话;他需要坐得比屋内的其他人都要低;他需要支持所有人的意见,除了他自己的。

吉姆并不享受这个。

导师问这个团队,办公室内的什么话题容易引起冲突。每个人都认为,每当他们试着讨论将这个陈旧的机构现代化时,谈话就会变得激烈。这一次,被亲切地称为"守旧派"的吉姆被告知必须在整个谈话过程中保持沉默。当别的成员提出各种各样的想法时——有一些想法相当大胆,吉姆开始在座位上扭动不安。他马上就涨红了脸,最后气得站了起来,终止了这场练习。

在一群目击者面前,吉姆不得不承认他总是有强烈的欲望希望成为房间内永远高于别人的那个声音,让他假装成为与其他团队成员平等的一员几乎是不可能的。我们教导吉姆把自己想象成剧幕中的一位演员,他的团队正在帮助他消化他所听到的东西,不带评判,也不情绪化。吉姆没有说话,但是很显然,当导师尝试引导他的理解,恳求他从另一种角度来思考在团队动态中的表现时,他并没有真的在听。

我们给吉姆布置了第二天进行"是的,而且"的任务。从各种报告来看,这是一次惨痛的失败。

但事情是这样的,我们知道不能将吉姆从我们的工作环境中除去,我们也没有做这样的尝试。实际上,在房间内有一个吉姆这样的人是绝对重要的。有时候一个团队需要一位愿意说出自己的想法并做出不受欢迎的决定的领导者,有时候专业技能和知识的确意味着他的意见要比别人的有分量得多。在第二城市,一场演出开始前的最后几周,导演们要不断去决定哪些内容要切掉、哪些要保留。这是一个导演的特权,拥有这个特权原因是他或她的头衔以及让他们获得这个头衔的专业能力。但是领导者在做出大决定的同时,可以不欺负别人——也就是不成为另一个吉姆。

有权威的个体应当去做大的决定,他们也应该带着包容、仁慈和尊重。作为一个决策者,这三个特质并不会影响或降低他们的身份。在那些永远要求正确的人主导的氛围下,每一次的失望都会得到放大,做出的决策会遭遇反责甚至是直截了当的敌意。排他的、责难的、不友善的领导不仅是士气杀手,还有可能降低遭受着这种怒气的个体的生产效率。

公司正常运营环境下是有吉姆的一席之地的,但这种职位是孤立的,也只能是一时的。随着时间的过去,吉姆带来的磨损太大了。

吉姆没有接纳我们的即兴表演方式,吉姆被解雇了。

霸道者通常并不知道自己很霸道。好消息是霸道是非习得的,我们近来看到这种现象以一种令人吃惊的方式发生着。

和许多公司一样,当第二城市要聘用一家外面的公司帮助我们建立一个新体系或者向之咨询某个大项目时,我们也会进行招标。在这个过程中,我们会遇到许多商业团队,他们的工作就是把我们收作客户。最近,我们就一个数字化项目发出了一份招标书,我们很幸运地遇到了这个领域一些最前沿的技术公司。其中一家位于纽约的公司,在多个场合拜访了我们。这家公司的所有人叫作德温,他个人也很有兴趣将我们收为他的客户。他不仅主持了我们的每一次讨论,也将自己融入到了第二城市的文化中——看每一场演出、参加课程、读完所有关于我们和我们这个领域的文章。他的关注让我们印象深刻,他是一个让人难忘的家伙:常青藤学校毕业;成功创办两家公司,随后又卖了一大笔钱;在各家行业杂志上有着十分不错的曝光率。完美的候选者,也有完美的方式。那么是哪里出错了呢?在我们与德温的第三次会面后,高级管理团队在董事会会议室重述这次谈话的扼要。我们团队中一位新来的执行董事问大家:"有没有人觉得自己在这些会谈中一直被强迫着?"这个问题像是打开了水闸,我们管理团队的每一位参加过对德温一对一或一对多会谈的成员都点着头,并马上开始举例子:他会打断别人的说话;如果他不是会谈的焦点,他就会用他的智能手机查邮件;他几乎从来不允许自己团队的成员讲话,如果他们发言了,他也会进行反驳。并不是说他不够令人喜欢或者不够聪明,他有着友善的性格,只不过就是遏制不住自己的声音。对我们来说,这一点实际上就破坏了这场交易。我们需要与一支团队工作,但是这儿并没有团队,有的只是一个个体——而这个个体将会让我们抓狂。

在商业领域,人们几乎从来不会告诉你没有得到工作的真正原因。在这个案例中,我们团队里最新的这位成员做了一件伟大的事,他确切地向德温告知了为什么他没有拿下这个生意。切到 6 个月后,我们接到一个德温的电话,他就在城里,想要请我们几个吃午饭。相互寒暄一番之后,德温说了以下这些话:"我想告诉你们,我很感激你们坦诚地告诉我没有选我们公司的原因。坦白说,那次没有拿下你们这个客户,是最让我心烦意乱的一次。我喜欢你们的工作,也真的投入到了你们的工作文化中。我回纽约后,继续在上即兴表演课程,这整个经历让我知道我并不是我们公司最合适的领导,因此我让自己降级了。"德温做了几乎没有哪个成功的领导者会做的事情:他允许自己去照镜子,然后认识到自己需要改变,所以他做了改变。他请了一个领导力顾问,那位顾问同意我们以及德温自己对他领导力的评估。他们制定了一个计划,德温将接受培训,成为一个更具有合作性和交际能力的人。同时他将自己的总经理升为公司的董事长,而这个公司也将进行一次文化改革,防止任何一个试图力压别人的声音。

第二城市没有什么特效药水,能让你喝了就摆脱"凡事要正确"的需求,但是这种行为在我们这里的确不多。在与团体即兴表演的课程中,你很快就会学习到,什么是对的,什么是真实的,什么是有趣的,如果你坚持自己的想法不退让,那么什么也做不了,即兴表演要求你对团体的大需求做出退让。

坦白讲，"放开'要求正确'的需求"这样的表达更像是佛教里的说辞，但是它现在绝对是即兴表演的信条。这就是要让你认识到，你只是大整体的一部分，放手，放弃控制权，你就能获得许多从未想到过的可能性。我们与你分享的很多游戏，如乱语游戏、单字游戏、指挥游戏等，其主旨都是强化这一条核心原则。为了进行给予和索取练习，我们推荐一个名为"整体的部分"游戏。

这个游戏是这样进行的：导师让整个团队站起来，然后给他们提示，比如"动物"。团队成员就需要变换身体姿势，安静组织各自位置，做出那个动物的形状，或者就把自己嵌合进画里（比如假装成一个池塘或者一棵树）。下一个提示可能是"饭店里的人"，成员们需要一个接一个地站好位子，根据提示做出整体的样子。如果两个人面对面坐着，那么另一个团队成员就要像一个服务员一样站在他们的旁边，再来一个团队成员就可以摆出侍者倒水的姿势。

这个练习强化了为什么放弃掌控权、学会成为一个为大整体做贡献的小部分是那么重要。第二城市的校友和著名的即兴表演老师埃弗利·施赖伯这样解释了这个教条的重要性："它有一种魔力，这种魔力就发生在两个人都放了了掌控的欲望的时候，在这样的时候，他们就能创造出两人独自无法创造的东西。"

练习即兴表演能够强化我们的肌肉，使我们能够处在当下给予和索取，并奉献出我们大脑内"认为正确才最重要"的那一部分。反过来，这些肌肉又能让我们变成更好的即兴表演者以及创新者。

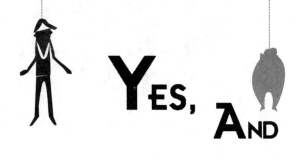

第 4 章

合作创作的故事——观众也想要参与

Y~es,~ A~nd~

在我们 1998 年的时事讽刺剧《没被带走的精神病人》(*The Psychopath Not Taken*)中,团体创作的情景从一个抢劫开始,抢劫的目标是一个藏着"大都会全部黄金"的地窖。但是在银行抢劫犯逃跑之前,超人进入了情景中。除了在这个版本以外,这位披着飘扬的红色披肩的超级英雄还坐着轮椅来到了舞台上。

这个瞬间引起了观众强烈的反应,有失望的抱怨声,也有直截了当的愤怒敌意。就在几年前,以他英武的超人形象而著名的电影演员克里斯托弗·李维(Christopher Reeve)在一次骑马时发生事故导致肢体瘫痪,需要永久性地使用轮椅。

我们在之前的一个阶段也引进过这个场景,那会儿新的演出还没有正式向媒体和大众公开,整个团体和导演还在对内容修修改改,以保证它能达到最大的效果。在这个场景案例中,观众清楚地表明这个内容太过火了。预演的那晚,马丁·肖特(Martin Short)也坐在观众席中。当演员瑞奇·塔拉里克(Rich Talarico)扮演超人摇着轮椅来到舞台上时,马丁情不自禁地咆哮一声:"不!!!"

在第二城市,我们在演出时会和观众进行持续对话。这并不意味着我们会迎合每一个走进剧院的人的具体喜剧爱好,也不意味着我们会把他们作为焦点，只保留能赢得最大掌声的内容。与观众持续对话的意思是，我们会听他们的反应——他们的笑声是当然要听的，但是他们的抱怨甚至安静也要听。然后，我们会相应地对内容进行编辑、改变以及修饰，尽可能地达到最佳。在创作喜剧时，我们不会放弃自己的专业知识，但我们也的确会邀请观众加入到创作的过程中来。每一个夜晚，他们都能为我们提供信息，因此观众成了创造过程中的必要组成部分。

对于超人的这一场景，整个团体及导演米克·内皮尔（Mick Napier）可以决定是否值得用一种新的形式来拯救这个场景。米克希望保留这一幕，但是他也不想失去观众。因此，一天晚上米克回到家里为超人角色写了一首歌——这是一首赞美诗，能打破场景的第四面墙，让观众看到我们同样也为这一幕所震惊，但是这同时也能对名人、英雄崇拜做出讽刺，表现虚构与真实之间常常被模糊的界限。在接下来的预演中，超人在阻止银行抢劫的时候，从他的轮椅上站起来，然后唱道：

> 我将珍惜每一个时刻
> 每一秒又将逝去的时光
> 我愿以此换来休憩或眉头不再紧锁的微笑
> 或者重新书写那奇怪的一天 我摔倒在地面

当观众看到超人坐着轮椅来到舞台时，仍然感到震惊。但是等超人唱完了歌，观众又重新站到了我们这一边。这一幕在演出时得到了保留，也成为那段时间最受谈论的片段。

这一幕超人场景从一开始无情、笨拙地利用他人的不幸，转变成了对任意的不公正的尖锐、幽默但又深刻的评论，以及对生活的讽刺。这一个过程就是合作创造。无论是创作喜剧、营销标语、更好的生产途径,还是提高销售层的效率,合作创造都能提供不错的见解,保证在开辟新天地或者创造新产品的同时,你总是能给予顾客他们想要的,即使他们无法告诉你自己到底想要什么。

在本章,我们将会分析第二城市如何与它的观众进行合作创造,以及公司如何运用相同的模式和过程来改善他们与顾客的交流环。在顾客应用之外,我们还将阐述在内部团体中如何将合作创造发扬光大,我们也会分享几个公司案例,这些公司成功地以即兴表演的途径衡量了他们的品牌精髓和顾客忠诚度,我们也将给你一些进行内部以及外部合作创造时的实操性练习。

提高内部合作创造

在你的公司或团体内部进行成功的合作创造有三个关键点:

1.找到"那个"想法,而不是"你的"想法

尽管个体可以想出很棒的想法,但是最终能更好、更执着地找到"那个"想法的是愿意合作创造的团体。但是这个概念很难推行,因为当团体进行合作创造时,想法就不再属于提出它的那个个体,而是归团体所有。但是我们一般都希望实行我们自己的想法,这样才能控制想法实施的结果,并享受它所带来的赞颂。我们不愿意允许他人对我们的想法进行争论或者改变,尤其是这些想法还不错的时候。因此,如果你想要合作创造拿到"那个"想法,你首先必须鼓励他人为了团队更大的利益,放弃对由他们自己提出的想法的控制。

2.放弃控制权

一个人越是在食物链的上端,要让他放弃控制权的难度就越是指

数式地增长，大概公司的顶层创意思考者不愿意分享。这很不幸，因为根据我们的经验，与宁愿单独守着想法的人相比，愿意放弃对想法的控制权的创意者能获得更大的灵感源泉。我们第二城市那些最好的创意者都有着提出好点子的稳定能力，同时他们也能敏锐地适时闭上自己的嘴巴，听取团体内其他成员的想法。正因如此，一个想法才能孕育、变化，从一点一滴变成一道丰富、复杂、美味的佳肴。

第二城市电视短喜剧节目 SCTV（这也是我们对《周六夜现场》做出的回答）的发展，很好地表现了合作创造如何能产生大量的创造能量，以及当有人——通常是某个执行董事——想要控制这些能量的时候，它们又会如何消散。早些年，演出在加拿大还是一项低预算生产，演员可以用经典的第二城市即兴表演风格自由创造他们的角色以及内容。创作成果相当丰富：强尼·拉吕（Johnny LaRue）、斯凯蒙奇兄弟（The Schmenge Brothers）、康特·弗洛伊德（Count Floyd）、埃德·格里姆利（Ed Grimley）——这些难忘的角色清单可以一直往下列。其中一些角色是由演员与负责发型、化妆和服饰的工作人员一起创作的，这些人员是常常被剧作家和表演者忽略的丰富资源。其他角色则来自第二城市聘用的剧作家和有着其他喜剧背景的剧作家合作创作的即兴表演场景。整个演出的成功都是扎根于它非比寻常的合作创造和不受限制的人员混合。

然而，当作品被美国国家广播公司（NBC）选中后，这家广播公司一直试图用新的演员来"主导"这部作品，这些演员是有才华的，他们习惯于更加传统的创作模式——"你来创作我告诉你要创作的东西"。一个接一个的演员来了又走，他们无法将自己的创作意愿强加于一个知道什么才是最好的团体身上，因而沮丧离去。一直到现在，这个团队和它的制作伙伴一起创作的即兴表演模式一直都非常成功。但是广播公司的官员和那些更加传统的电视台执行董事们没有帮助那个创作生态体系,因为他们习惯于严格的等级制度,因此这个创作体系受到了阻碍。

SCTV 继而获得了 15 项艾美奖提名,开启了如约翰·坎迪(John Candy)、马丁·肖特(Martin Short)、尤金·利维(Eugene Levy)、凯瑟琳·奥哈拉(Catherine O'Hara)、里克·莫拉尼斯(Rick Moranis)等许多演员的明星之途,并作为一直以来最伟大的短喜剧节目而受到认可。然而,最后事态变得很明显,国家广播公司总是要成为最响的那个声音。创作团队要不停地与他们进行抗争,维持已被证明有效的创作过程,这样的抗争很让人疲惫,也造成了损失。团队成员开始离开剧组,SCTV 在 1984 年停止了运营。

3.根除害怕之心

阻碍好的合作创造主要有几大因素。从我们的经验来说,每一个因素都源自一颗害怕之心。

- 害怕失败;
- 害怕显得愚蠢;
- 害怕未知的东西。

害怕也许是一种有用的情绪,它能保卫我们的安全,确保我们去使用牙线,或者保证我们交税,但是对于团队创造性来说,害怕是有害的。害怕不会激发优雅的创作思维,它只会带来本能的、阻力最小的想法。在作为一个激发性工具时,害怕可以推动人跑得更卖力,但它从来不会让人跑得更聪明。没有任何组织或公司可以在畏畏缩缩的管理下获得创造优势。

因为害怕,安然公司(Enron)①无数的员工和执行董事在知道公司董事涉足定将毁灭整个公司的非法商业操作时保持了沉默。因为害怕自己的电影产业会消失,柯达最终破产。讽刺的是,正是柯达的员工在 1975 年发明了第一台数码相机。因为害怕失去季赛票的买主,芝加哥黑鹰队(Chicago Blackhawks)②被迫远离荧屏几十年,导致观众群连续几年的减少和品牌的腐蚀,直到球队交给了洛基·沃茨(Rocky Wirtz)。他做出了与父亲相反的决定,让黑鹰队在 2008 年回归了荧幕。两年后,每场球赛都坐满了观众,黑鹰队甚至赢得了斯坦利杯(Stanley Cup)。

对于合作创造来说,没有什么比胆小鬼文化更加糟糕了,要在被害怕困扰的时刻进行创造几乎是不可能的。经营剧院这么久以来,尤其是在演员选拔和试镜的时候,我们看到过许许多多由害怕导致的错误和失误,所以我们很清楚这一点。

每一年,数百个年轻的即兴表演者来到这里的舞台,用 15 分钟左右的时间在制作人、导演和老师面前即兴演出,尝试在梦寐以求的第二城市获得一席之地。毫无疑问,这是发生在剧院的最令人焦虑的事情。对每一年试镜的这么多年轻人来说,这份工作是一生的梦想。这些有前途的年轻人在剧院大厅热身时,已经感受到了压力,当舞台大门打开时,这种压力只会越来越大。最优秀的即兴表演者会找到某种途径将他们的害怕放置一旁。他们自由、放松地即兴演出;他们做出明智、清晰的选择;他们照顾自己的场景同伴,让自己独特的幽默感在整场演出中闪闪发光。这些人占了一周试镜人数的 10％,通常他们也是最后得

到工作的那些人。

余下90％的人向我们精彩地展示了人类多种自己害怕的情绪方式。久而久之，我们注意到了一些对于表演者来说尤其具有毁坏性的表现，这些表现会让团队无法创作出任何有意义的或者幽默的东西。你可能也可以认出来，在任何一个组织，每当人们想要隐藏自己的害怕情绪时，他们就会使用这些相同的伎俩。

问问题

我们不是有意让你不要问问题，更不是让你假装自己已经有了所有的答案。但是，在学习即兴表演的过程中，你首先需要学会的就是不向你的舞台搭档问问题。在即兴创作某一幕情景时，你们应当处于一种对话关系、共同创作。然而，一旦你问了问题，你就把责任抛向了你的搭档，你的搭档将不得不独自续接内容、创造内容笑点，而这本应该由你们俩共同完成。在即兴表演时感到紧张害怕的人会向搭档问问题，这是因为他们太过于害怕——这种情绪深入了他们的脑海。陈述性的话一出口就成为场景内容的一部分了，他们不敢让自己冒这个险、不敢承担这份责任。

以下就是舞台上可能出现的情景：

> 优秀的即兴表演者：我爱芝加哥每年的这个时候，它会让你忘记其余9个月有多么糟糕。
> 一个很棒的开头。这位优秀的即兴表演者已经设定了场景的时间和地点——这是在芝加哥的夏天。
> 害怕的即兴表演者：我们为什么在这儿？
> 这个问题没有为他的舞台搭档提供任何可以继续建设的

信息,这基本上是将创作任务重新推给了优秀的即兴表演者。

优秀的即兴表演者:你知道我们为什么在这儿。我们到这里来是为了好好晒晒太阳、认识认识新朋友,也许还能解救几个溺水的家伙。

好的,这位优秀的即兴表演者把场景重新带回了轨道。这个信息没有试图减轻舞台搭档的角色分量,反而机智地将舞台上每个人都带了进来。现在我们已经清楚这俩人是救生员了。

害怕的即兴表演者:但是如果我不会游泳怎么办?

这个场景毫无进展。这个害怕的即兴表演者阻碍了每一条新的信息,并将它扔回给优秀的即兴表演者。问题不在于害怕的即兴表演者引入了一个不会游泳的救生员(那实际上可以相当有趣),问题在于他引入的方式。他是在阻碍场景,而不是建设。他是在扔曲线球挑战优秀的即兴表演者,让他去思考如何处理这些曲线球。这对优秀的即兴表演者不公平,这也并不有趣,观众想要拿回自己的钱。

相同类型的场景在商务环境下会是怎样呢?比如在一个头脑风暴会或者某个新产品的营销会议上。

优秀的营销人员:好了各位,我们的客户已经引进了一种新的精酿啤酒,它定位于 25～35 岁年龄层的男性,居住在城市,有一定的可支配收入。

这是一段清晰的头脑风暴启动词,说明产品名称和它的目标受众。

害怕的营销人员:好吧,那么谁会实际去购买这种啤酒呢?

优秀的营销人员已经阐明了啤酒的目标受众。害怕的营销人员提出这个问题，破坏了已经置于桌面上的信息的有效性。

优秀的营销人员：购买人群十分具体，居住在城市里的年轻男性。但是你是对的，我们现在还不需要将产品销售创意进行分类，这还早。当下任何想法都是好想法。

优秀的营销人员重拾了会议的秩序，整个会议又重新开始接纳任何想法。

害怕的营销人员：真的吗？我只想听到好的想法。

于是，所有通向开放、坦诚的创意的路径都被关闭了。害怕的营销人员常常利用问题来掩盖自己对于不够有创意以及提不出"那个"想法的害怕情绪。

问问题要有场合和时间。为了能更好地促进交谈，你需要知道具体细节。但是一旦那些细节得到了分享，那么团队就是时候进行创意头脑风暴了。在这个点上，提问题就是在谋杀创意。

具有攻击性

我们常常看到即兴表演新手选择隐藏于攻击性之后。如果你细细思考，这并不让人惊讶。西格蒙德·弗洛伊德（Sigmund Freud）曾写道："攻击性趋向是人类一种先天的、独立的、本能的性情……它组成了最强有力的文化障碍。"换句话说，当我们害怕的时候，我们就会猛烈地进攻。这就发生在现实生活中，你猜怎样？这也发生在舞台上。

在20世纪90年代中期，一个在简历上撒谎参加过即兴表演培训的演员与其他演员一起得到了聘用，其他这些演员都曾上过几年的艺术课程。尽管我们只在 20 多年前见过他 15 分钟,许多人依然能记得他的名字,甚至能在人群中认出他来,这也证明了他那天的即兴选择是多么鲁莽和带有攻击性。我们会在这个故事中称呼他为瑞。瑞的第一个即兴选择是在说任何话之前杀掉他的舞台搭档。他的第二个选择是大声尖叫着他的对话,不给舞台搭档任何说话的机会。到了这个时候,主持试镜的那位极度有耐心的导演向整个团队建议,他们应当给相互说话的空间,要降低噪音,以及他们应该选择没有打架或正常的即兴情景。他虽然是对着整个团队说的,但实际上就是在对瑞说。

接下来瑞发起了一个情景——这个情景真是让我们所有人永远难忘——他尖叫着:"我是比尔·克林顿(Bill Clinton)屁股上的一颗青春痘!"为了公平起见,说完这句话后他的确做了停顿,给他的即兴表演搭档说话的空间。与他共享舞台的这位可怜的搭档演员勇敢地回了一句:"我觉得我们对这个场景感到困惑。"(不要担心,我们让其他在舞台上的演员与更加有经验的选手一起又试镜了一次。)

几周后,我们收到了瑞寄来的一封三页的信,信上问我们为什么他没有被雇用。"我是比尔·克林顿屁股上的那颗青春痘!"他写道,"然后一切都停止了。这是多么神奇!"

他是对的,一切都停止了的确很神奇。问题是,在舞台上或舞台下的创造过程中,那是我们最不愿意看到的情况。毫无疑问,处理攻击性性格很困难。如果你是老板,那么答案很简单:告诉所有的团队成员你期待他们所拥有的行为准则——分享舞台、带着尊重、共同创造,然后练习提高。他们需要摈弃那些已经成为二手的经验。

如果你不是老板,那就困难得多了。人力资源能有帮助吗?你能获得公司其他领导人的支持,让他们也认为这样的行为对文化有害吗?如果不能,你也许可以采纳一下我们近期在芝加哥创意周的一次小组讨论上对一位观众提出的意见。那位观众说:"你们的想法理论上看起来很棒，但是我的老板——我唯一汇报工作的人——做了所有你们所讨论的可怕的事情。那么我应该怎么做?"我们想了几秒钟,然后一起回答说:"辞职。"

大吼大叫

人们显示自身的害怕并妨碍合作创造的另一种方式就是让自己的声音高于房内其他所有人,或者在互动过程中强行推行自己的方式,直至其他人遵从了他们的意愿。我们都看到过许许多多强力领导的例子,实际上,这在工作场合常常能获得好回报,但是这并不能证明它是对的。

近期发表在《应用心理学期刊》(*Journal of Applied Psychology*)上的研究强调了在侵略性工作环境中出现的问题,吼叫在这样的环境中司空见惯。研究者发现,老板的语言攻击会伤害员工的记忆,让他们难以理解指示。除此之外,与处理冷静的顾客的员工相比,处理充满敌意和攻击性的顾客的员工,将更加难记住这些向他们发起的投诉的本质。

嗓门管理的并行伤害是严重且持久的,任何合作意识都被抛出窗外,"我"而非"我们"的文化渗透了整个公司。在这样的环境中,几乎不可能合作创造、共建未来。

如果你面对着这样的人,在有机会解决根本问题前,你需要先理解这种行为的推动因素。大吼大叫的人和大部分恶霸都是出于害怕和不安全感,能改变他们行为的唯一方式是帮助他们获得安全感。幸运的是,即兴表演者的手头有工具可以完成这个目标,如"是的,而且"、给予和索取、倾听等许多即兴表演元素都可以提供帮助。

顾左右而言他

另一种害怕的症状是不采取行动，避免任何类似立场、声明或意见的东西。取而代之的是顾左右而言他：

> 我不知道。
>
> 可能吧，我不确定。
>
> 如果你要这么说的话。
>
> 大概。

顾左右而言他是害怕的即兴表演者的一种主要行为，以至于它变成了许多即兴表演游戏中的"处罚"。顾左右而言他仅仅是一种拖延手段，是你因为太害怕踏入未知事务而做的事情。不幸的是，这是处在做决策位置上的人采取的太过常见的逃避手段，这些人缺乏行动的信心。在商业领域，不做决定几乎比做了错误的决定更加糟糕。建立自信的秘诀就是练习。

即兴表演者在上舞台之前会进行热身准备。他们做一些气息练习和伸展，在与团体成员练习时直视他们的眼睛，同时相互交换视觉及言辞暗示。他们会围成一个圈，假装自己在传球。当即兴表演者在实践时，意味着他们已经确保自己在上舞台面对观众前进行了足够的排练，对内容已经完全理解。优秀的即兴表演者会进行足够的准备和练习，然后开始工作，工作时将自己的害怕情绪放置一旁，使自己能够处在当下。为了能够成功地合作创造，他们知道必须首先为合作创造做好准备。

在工作场所也同样。当你有足够的事实和数据帮助你完全理解手头的商业事件时，你就知道你已经为你的大型会议或者重要的面试做好了准备。但是一旦你有了那份数据，你就可以与团队成员一起创建场景，对想法进行测试，感受一把领导决断力。你希望给自己尽可能多的机会去实时做决策，并学着不理会任何怀疑或没有安全感的声音。如果你能够运用和体现一个即兴表演者的品质，你就能够控制自己的害怕，甚至在倾听、回应、合作创造和展示的时刻忘记害怕。

与你的观众合作创造

我们已经讨论过为什么你必须使用所有的即兴表演规则，如倾听、"是的，而且"、给予与索取等，来帮助你更好地与同事交流，形成一个能够进行创造性突破和创新的真正团体。但是合作创造不是只能在内部进行的东西。在第二城市，每次演出时发起并维持与观众的实时对话，让我们走得更远。我们甚至在创作内容的时候也会征求他们的意见，因而我们的观众——也是我们的消费者——参与了我们一开始的创造过程，尤其是在新节目排练期间的新内容创作时刻。我们向观众寻求话题方面的意见，我们在即兴演出过程中衡量观众对内容的实时反应，然后通过它来进一步改进内容。最后，我们会与每一个抢先获得公映当晚门票的观众进行直接对话，对创作完成的作品进行打磨。

我们并不是唯一一家与顾客直接对话的企业，我们只不过是最早的一批。在新创公司和数字企业家把它变成一句家喻户晓的话之前，我们已经在互动。然而，在过去10年，别的企业也遵循了这个模式，因为他们看到了顾客参与给企业带来的优势。这就是为什么公司维护着他们的脸书（Facebook）主页，监测着推特（Twitter）的流行趋势。这也是焦点小组（Focus Group）①、神秘客人（Silent Shoppers）②以及美猴调查网站（SurveyMonkey）③出现的原因。

由于合作创造要求推崇对话而不是独白，因此在第二城市我们经常将其称为"时刻对话"。在剧院以外的创新和新产品研发圈，你可能听到过它被称作"实时顾客反馈"、"快速原型法"或者"众包"。

计算机＋众包＝喜剧（某种程度上）

在20世纪90年代早期，具有前瞻性的讽刺家斯蒂芬·科尔波特（Stephen Colbert）决定将万维网（World Wide Web）④的神奇力量引入我们的即兴表演场景。一个夜晚，科尔波特收拢了一把分机线，然后从大楼内为数不多的电脑中带了一台到后台。连接好所有的分机线后，他把这个笨重的大块头放在一辆推车上推到了舞台，然后向观众宣布今晚我们将通过互联网征求来自整个世界的观众的互动。这个宣布在观众中产生了微乎其微的反响，这也成了我们的第一条线索：今晚的第二城市舞台并不会创造历史。

为了获得这整幅画面，想象一下二十几岁的斯蒂芬·科尔波特——头发蓬松，衣服褶皱且不合体——被这台放在摇晃的咖啡推车上的巨型电脑困住了，而他的团体成员们则徘徊在舞台上。拨号连接的声音持续了大概1分钟，然后史蒂芬就上线了。他点入一个事先确

---

①　焦点小组是由一个经过训练的主持人以一种无结构的自然的形式与一个小组的被调者交谈。——编者注

②　神秘客人是指被公司收买，对公司设施、员工及服务做评价的顾客。——编者注

③　美猴调查是美国著名的数据分析和调查网站，总部设在加利福尼亚州帕洛阿尔托市，在波特兰、西雅图、华盛顿、里斯本、圣保罗、卢森堡等地均设立了分部。——编者注

④　万维网是一个由许多互相链接的超文本组成的系统，通过互联网访问。万维网并不等同因特网，万维网只是因特网所能提供的其中一种服务，是靠着因特网运行的一项服务。——编者注

认过的聊天室,在那里他可以寻求用户提供灵感建议供演员即兴演出。史蒂芬打了一行字:"这里是第二城市现场。给我们一条建议,我们能够在那条建议上即兴演出一个场景。"然后,他和演员们以及观众就在尴尬的静默中等着。没有人回应。最终,在寻找了大概 10 分钟后,一个来自印第安纳州(美国中部的州)的小孩子打回来一个词:"人造阴茎。"

所以这并没有奏效。

问题不在于这个粗俗的词语,像科尔波特这样的即兴表演大师应该能够用几乎任何事情创造出有趣的东西来。问题在于时机。从科尔波特发出反馈请求到他最终得到回应的时间太长了,以至于场景的能量和势头已经没有了。就合作创造而论,无论是即兴演出还是商业领域,时机都十分重要。在我们这个领域,观众的意见与即兴表演者的反应之间即使只间隔了几秒也会对接下来是否成功产生关键影响。而在当下的商业领域,消费者在社交媒体上发出针对某个公司或某个品牌的评论后,他们期待着快速的反馈。当然,每个公司都必须控制自己针对顾客询问、投诉和建议的反馈时间。尽管一个花了若干小时甚至数天的深思熟虑之后的回应有其价值所在,一个瞬时的反应却有着不一样的价值。虽然这不再是花点时间的事情了,但是迅速反馈所要求的能量及快速的创造性思维能推动你做得更好。

当你收到实时顾客反馈(比如像现场观众提供的反馈)时,你就没有时间去区分内容创作和内容分析。当你在舞台上即兴创作场景的时候,你会立刻从观众席听到作品的效果。于是,他们的反应会影响你实时的选择。即兴表演要求你处在当下,因此你就不用担心你作品的价值和有效性,这可以让你更加自然、有创意和真实,把你的分析留到回放录像或者从导演那里做笔记的时候。在艺术灵感产生的瞬间,即兴表演者利用实时顾客反馈作为合作创造工具。许多公司也是如此,尤其是那些通过社交媒体拉近与顾客距离的公司。

高乐氏携广大年轻父母在推特上举办聚会

在写这本书的时候，我们刚刚和高乐氏公司完成了一份十分有趣又高度成功的作业：我们发起了一次"推特聚会"，让高乐氏的顾客参加了一个网络现场即兴颁奖节目。我们为什么要做这个事情？很简单：给高乐氏一个机会来展现它既人性化又幽默的一面（是的，它真的有人性化和幽默的一面！），也给高乐氏的顾客一个机会来分享自己生儿育女的"战斗故事"。

高乐氏的产品的确有特别棒的清洁能力，能够清洁我们在生活中都会遇到的那些脏东西。浴室里看起来不得体的脏，厨房里令人尴尬的脏，小孩子蹒跚学步时候的脏，生病时候的脏……你可以继续列举。一直以来，人们并不会真的去公开谈论这些东西，像高乐氏这样的公司也不会。但是高乐氏看到了年轻父母群体的一个新趋势，这些年轻的父母是高乐氏产品的一个关键目标群体。他们通过网络平台来分享养育孩子的故事，相互比较遇到的挑战。他们会讨论许多话题，但是讨论热度最高的一个话题是如何应对婴儿降临后的最初几个月，那段时间费力、劳累，也充满了喜剧性。

为了给父母提供一个参与和分享的新机会，高乐氏和它的公关机构凯旋公关（Ketchum）①以及名为"如何成为一个爸爸"的爸爸博客与我们一起创造了"高乐氏最脏奖"，我们的特殊奖品（"脏兮兮们"）将颁发给通过推特提交给我们的最严重、最恶心的脏。最脏奖活动是网络直播的，由著名的第二城市校友蕾切尔·德拉彻主持，他和一群第二城

---

① 凯旋公关是美国的一家全球性公关公司，提供市场营销、品牌和企业通信服务。——编者注

市演员组成了一支团队进行场景扮演，基于我们从推特上获得的顾客真实故事来创作有趣的独白。

显然，我们挖掘到了孩子养育潮流里某些重要的东西。在为期 4 小时的颁奖直播节目中，推特聚会的话题一直受到推荐，高乐氏公司获得了超过 1.3 亿次的阅读量。

那么，我们能从这个例子中学到哪些合作创造的东西呢？首先，最有趣的东西总是来自真实生活，那些父母推特给我们的疯狂故事就证明了这一点。其次，一旦你让观众参与进来，观众就会进行回应。在"高乐氏最脏奖"的案例中，没有现实生活中的父母参加，这次节目不可能完成，而最终获得的惊人成功，其根本原因是我们愿意与观众一起合作创造有趣、新颖、真实又偶尔脏乱的故事。最后，瞬时的合作创作能产生非常好玩、有意思的想法，这些想法常常比经过长时间思考和架构的写作产生的想法更加有趣幽默。如果我们的做法是让父母参加在线调查，然后筛选调查结果，将之改编成剧本，进行润色抛光，一个月后再将我们的成果展示给观众，那么魔力就没有了，这些经验也不会像举办一个"推特聚会"那样有影响力。

快速成型法

同样，我们也曾成功使用即兴表演作为快速成型过程的一部分用于产品研发。最近，一家大型的研究机构找到了我们。这家机构的主要客户是一家大型的信用卡公司，该公司希望能在他们的小企业所有者业务上收集到新的见解，这样就可以对这部分产品进行改善，在市场上获得更大的份额。我们与这家公司以及他们的广告代理一起开了个会，对市场情况有了简要的了解后，最终向他们推荐了我们的一个即兴创作构思能力课程，在这个课程中，我们会围绕与小企业所有者密切相关的关键主题和想法做一个结构化的即兴创作。我们创作的场景来自不良现金管理和糟糕的应收账款的压力,还有小企业所有者生活的疲倦,和有关小企业所有者将工作和生活分隔开的困难。为了让这个课程真正地与现实接轨,我们的客户邀请了一群小企业所有者作为观众,为我们的场景提出建议,给我们提供真实的反应。没有什么比分享欢笑更能拉近客户与公司之间的关系。在即兴表演课程之后,信用卡公司与小企业所有者有一次交谈的机会。这场谈话揭示出许多痛处,但是他们共享的经历让他们更能坦诚、富有成效地来讨论这些痛处。没有人觉得自己受到了攻击或者身处险境,因为我们的演员已经将这些艰难的现实放在他们的脚边进行了一番揶揄。

在这样以及那样的背景下,即兴喜剧过程能揭示出关于顾客和他们挑战的新视角,它同样也能鼓励客户在他们的顾客面前及时对信息和营销想法进行修补。与典型的研究和焦点小组场景相比,这样的形势能引起更加开放的交流,也能为客户与顾客创造一个论坛来实际地共同创造新的产品,改写传统的产品研发流程。

与精心做一个创意活动再进行一场盛大的展示相比,广告、公关和设计领域的机构现在越来越倾向于与客户共同创造的模式。一直以来,这些机构都认为展示自己专业技术的最佳方式是制定一份创意战略,然后召集极小数量的客户进行一次推介会,在推介会上"售卖"这份创意战略。传统的智慧认为,客户只要能参与方案制作过程,就不会对机构进行过多的评估。因此,机构创意人员会闭门造车数周甚至数月,然后向他们的客户做一次高风险的"希望我们做对了"的陈述。

这种方式可能会无意间导致"不,但是",而非更具合作性的"是的,而且"结果。没有人喜欢被售卖想法,他们更愿意帮助创造它,或者至少在必须要做最后决定之前有机会进行权衡。

追求共同创造的这种趋势有部分是源自目前商业领域对速度的需

求。在唐·德雷柏(Don Draper)①的世界里,你有时间享受一杯马丁尼、讨好客户的妻子或是安排一次艰苦又孤立的创意开发。在今天的环境下,没有那么多时间留给职场上的小陋习(我们都被告知了),也没有那么多时间进行一次隐蔽幽静的创意开发。无论是什么推动了共同创造的趋势,它都已经受到了客户和机构的欢迎,他们看到了以合作方式获取创意想法有着新的好处。

为合作创造而生

大多数情况下,在我们公司,如果有什么奏效了,我们都不会费劲去找奏效的原因。例如,我们一直以来都知道与我们的观众合作创造是奏效的,但是直到最近我们才知道为什么。这是一条实践中的封闭原则,或者至少是它的某个变体。你问这是什么?封闭原则起源于神经科学领域。从本质上说,它认为当我们看到一些画面片段时,即使这些片段组在一起形成了一幅几乎完整的画,我们仍然会"看到"缺失的信息,因为我们的大脑会自动连线去填补空缺,去想象完整的画所需的片段。

到这会儿你当然知道我们并不是大脑科学家,但是我们发现这个有趣的想法与我们的工作相关,因为它展示了人类与生俱来会将不完整的想法弥补成完整的,当被邀请对还没有完全成型的想法做出点贡献时,他们也会积极回应。自相矛盾的是,这条封闭原则却成了我们工作中的开门者。它是即兴创作的核心部分,推动了合作创造,而科学显示,这甚至可能是人类的天性。

————————

① 唐·德雷柏是美剧《广告狂人》(*Mad Man*)中的主角,由演员乔·汉姆(Joh Hamm)饰演。——编者注

即兴创作场景——让这个世界可以安全地进行合作创造

正如我们已经讨论过的,第二城市会即兴创作大部分表演内容,但是我们配方中的一个至关重要的成分就是已经讨论多次的演出第三幕:即兴创作场景。

即兴创作场景就像是我们公司的研发部门,它是无价的。以下就是其工作过程:六位演员、一位音乐导演、一个舞台监督和一个导演花10~12周时间制作一部新的第二城市时事讽刺剧。

白天时间里,演员排练新的内容,许多都是在即兴表演中想到的,也有一些是初稿剧本。接着,这个内容作为当晚的第三幕——即兴创作场景——在观众面前试演。

即兴创作场景是免费的,这是关键,因为这样一来,每个参与进来的观众的风险都会降低,任何路过剧院的人都能免费进来观看(只要有空椅)当晚的最后一幕。由于这些即兴创作场景时间很晚,在它开始前,几乎一半的付费观众都会起身离开,空出来的这些座位就给了一群在剧院外排队等待看些免费喜剧的20来岁的年轻人。由于是免费开放,我们也会向观众暗示他们看到的可能非常糟糕。当然,他们也有可能是幸运的,能目睹才华横溢的一出。谁也不知道。但是,观众如果不喜欢看到的内容也不能抱怨,因为他们进入剧院后就要自担风险。这种安排也为我们的演员提供了一定程度的安全感,因为它减小了要取悦每个人的压力。

我们也会向观众发送其他一些暗示,以此为完全不同的第三幕演出设置好背景。在第二幕的时事讽刺剧末尾,演员们会鞠躬——这个肢体动作暗示着今晚的一部分娱乐已经结束了。等鞠躬和掌声结束后,一位演员会重新出现在舞台上做一个"结束"(与"开场"相对),这也是鼓励观众稍作一些等待,与此同时这位演员也会广告剧院里的一些别的节目。最后,这位演员会问"你们还想再看点东西吗?"然后解释在10分钟后,演员会重新回到舞台,进行完全即兴创作的第三幕演出,而且免费。所有这些身体和语言的线索都是在暗示观众他们需要用一种新的角度来观看接下来的即兴创作演出。

同样,如果公司与顾客建立友好关系,向他们征求想法,那么公司也能受益。但是,在诸如脸书和推特等社交媒体平台上进行完全成熟的合作创造可能是危险的。这些平台提供了与顾客某种程度上的免费交流,但是这些交流的风险会越来越高,信息也没有经过过滤。因此,一些公司开始实施自己版本的即兴创作场景。他们仍然与公众进行合作创造,但同时,他们也在自己建造背景、设定顾客期待,从而创造安全、低成本、低风险、高回报潜力的机会与客户互动、研发新产品、发现新才能、调查新产品线。

例如,《芝加哥论坛报》(Chicago Tribune)在经历了连续几年的读者人数下降以及数字平台的竞争后,其编辑格里·科恩(Gerry Kern)在2009年与他的团队齐心协力寻找新的读者互动方式。格里和他的团队提出了一个名为"论坛王国"的计划,旨在通过多个平台与忠实的订阅者对话,为《论坛报》(Tribune)吸引新的读者。

利用他们内部的即兴创作者,《论坛报》的领导们找到了两条与读者合作创造的好办法。第一个方法从一条推特开始。论坛王国的经理詹姆斯·亚内加(James Janega)问了几个《论坛报》的记者和编辑他们能不能工作一晚后在著名的比利山羊酒馆(Billy Goat Tavern)集合。(这就是《周六夜现场》提过的比利山羊酒馆,第二城市校友约翰·贝卢氏、丹·阿克罗伊德和比尔·默里在这里写出了他们著名的"汉堡包!汉堡包!不要可乐!要百事!",这个地方因此而出名。)接着,亚内加发了一条推特,邀请读者到比利山羊与报纸的记者和编辑面对面交谈。

当出现的人数超过 100 时，论坛王国知道他们可能要有所收获了。

论坛王国创造的第二个合作创造机会是《芝加哥现场》(*Chicaqo Live*)，这是与第二城市的一次新型合作。《芝加哥现场》由具有传奇色彩的《论坛报》作者里克·科甘(Rick Kogan)主持，这是一系列现场谈话节目，有来自不同文化和政治背景的人物以及要在报纸上对此进行报道的记者。我们对这个制作提供了戏剧支持，包括一个导演、一个舞台监督以及针对一周内新闻的每周讽刺节目，这个节目将所有不同的故事呈现在舞台上。《芝加哥现场》邀请了各种各样的嘉宾，从芝加哥市长拉姆·伊曼纽尔(Rahn Emanuel)到甜饼怪(Cookie Monster)①。每场节目结束之后，观众都被邀请留在大厅喝饮料，与节目里的"明星"交谈。因为人们发现自己可以和这个城市里一些最有意思的人物交谈，这个节目很快就成了整个项目的一个亮点。

通过他们的报纸和数字服务，芝加哥论坛公司每天能达到超过 40 万的读者人数，但是除了偶尔寄给编辑的信，论坛公司与他们的客户之间几乎没有双向交流。通过论坛王国，《芝加哥论坛报》创造了自己的即兴创作场景，这样他们就可以与他们的产品消费者进行合作创造，为消费者提供读者期待媒体平台提供的相同水平的参与度。他们与读者之间的交流从报纸转到了酒吧或者舞台；与报纸的正式性和狭隘性相比，地点的变化和不正式性使他们与观众的对话更加亲密。在这样一个更加放松的环境下，《论坛报》也立刻能够设定和管理读者的期待。这一整个想法都是关于加深联系，而原本加深联系几乎总是要求减小观众的规模和数量。

---

① 甜饼怪是美国儿童节目 *Sesame Street* 中的人物之一。——编者注

合作创造有时候要小心

无论你是在顺便合作创造还是实施更加可控的即兴创作场景,有一些教训都得记着。我们经历了一番艰难才学到它们,这些艰难你没有必要再去经历。

一些话很幽默,直至它们变得不再幽默

你必须与变化的品味和社会习俗保持同步,文字背后的力度和意义都会随着时间发生巨大的变化。现在,"反应迟钝"(retarded)这个词语可能是我们办公室收到的那些怒气冲冲的电话和信件的首要煽动者。而在 5～10 年前,这个词语可以在一幕场景中出现上千次,没有人会在意。今天,观众更希望这个词从演出中消除。"同性恋"(gay)这个词曾经可以作为任何类型的贬义修饰语,它是另一个在几年前变得过时的词语。我们是在几年前学到这一课的。那会儿我们在各大大学校园里巡演一部 20 世纪 80 年代的老剧,学生群体第一个告诉我们在任何负面语境下使用"同性恋"这个词语都是无知和过时的,这个词需要同陈旧的种族主义卡通《兔八哥》(*Bugs Bunny*)以及迪士尼的《南方之歌》(*Song of the South*)一起被封印在地下室里。

有一些词语从来就不幽默。我们有多少次看到企业管理人员、广播公司主持人或者名人因为使用伤害性语言而使自己的整个事业告吹?威斯康星州(Wisconsin)交通部的一位行政人员史蒂夫·克里塞尔(Steve Krieser)将移民比作撒旦,从而被解雇;电视主持人唐·伊穆斯(Don Imus)因为毁谤某大学篮球队的黑人女性而被炒鱿鱼。通常这些人都是在试图变得幽默。公共关系行政人员贾斯汀·萨科(Justine Sacco)由于在推特上就非洲和艾滋病开了一个"玩笑"而被解雇;吉尔

伯特·戈特弗里德(Gilbert Gottfried)在 2011 年日本发生海啸之后发了几条没品的推特，从而丢掉了为美国家庭人寿保险公司广告里的鸭子配音的机会；密西西比州州长黑利·巴伯(Haley Barbour)的新闻秘书丹·特纳(Dan Turner)在一封邮件内对日本大地震事件开了一个没品的笑话，邮件曝光后，他不得不辞职。

不晓得第二城市有着多么没有"政治正确"(politically correct)①的工作环境，但是这并不意味着我们不想一直以最高的智商来工作。广泛的传媒传播要求你必须知道你说出的话能产生的力量。把喜剧留给专业的人士，你则和自己的年轻职员去评估这日新月异的词源学吧。

讨论宗教意味着自找麻烦

第二城市的表演者可以对着自由派和保守派尖叫；假装射击舞台上的人；谈论药物使用、卖淫和战争；描绘所有的罪恶，像一位上岸休假的水手一样宣誓。但是我们一旦讨论宗教，就一定会收到纷涌而至的恐吓信。

以下是一条有用的提示：把宗教讽刺这件事情留给我们。不要在商业环境下拿宗教开玩笑，也不要对宗教提哲学空想。我们的国父们早已认识到了将教堂与国会隔开是一个基础需要，在工作场合也同样如此。

今天的悲剧，明天的喜剧

第二城市以模仿枪战为特色的滑稽剧有几十个，数量多得以至于在巡演公司进行巡演时，我们会对如何携带道具枪支进行适当的训练。

---

① "政治正确"指利用政治立场上"正确"或"中立"的字句描述事物，以避免因为使用具有褒贬意义的语句，而侵犯他人合理的权益、伤害弱势群体的利益或尊严。——编者注

然而,在康涅狄格州的纽顿市桑迪胡克(Sandy Hook)小学枪击惨剧①发生后数小时,我们掐掉了每一个有枪的场景。一直到写这本书的时候,我们都没有将枪重新带回舞台。你无法预测诸如此类的灾难,但是你的机构可以针对灾难做出相应的应对措施,应对公众在这些事件之后可能产生的对你们的广告、产品或服务的感知变化。

在"9·11"事件发生之后,即便只是提到"飞机"这个词语,也能引起观众恐惧的喘息,于是我们从演出中除去了这些词语。当然,现在许多关于航空公司的幽默又重新回到了舞台上,而一些喜剧演员仅在几个月后就又开始重拾糟糕的食物和狭窄的座位等熟悉的喜剧资源。

喜剧的一个公式是"悲剧加上时间",这是有原因的。第二城市的老师安妮·黎巴拉把这个公式加到我们的工作中,它其实更加是"悲剧加上时间加上距离"。科罗拉多州(Colorado)的哥伦拜恩校园枪击案(Columbine Shootings)②发生一年后,第二城市及其他团体的演员共同创作了一部关于校园枪击案的讽刺作品,作品塑造了两个试图重新营造哥伦拜恩恐怖袭击却又笨拙失败的角色。这个演出每一晚都能获得观众的大笑,直到一个周六的晚上,一位年轻的女性哭着跑出了剧院。这位女性是西北大学(Northwestern University,简称 NU)的大一新生,哥伦拜恩高中枪击案发生的时候,她正好是那儿的高年级学生。对她来说,这部幽默的讽刺剧就像是将她重新带回了那个事件。

这个事情留下的教训就是在这个世界上进行着各种各样的交谈,你必须要注意自己公司在这些谈话中的立场。如果某些故事或事件不

---

① 2012 年 12 月 14 日美国康涅狄格州桑迪·胡克小学发生枪击案,造成枪手在内的 28 人丧生,其中 20 人是儿童。这是美国历史上死伤最惨重的校园枪击案之一。——编者注

② 哥伦拜恩校园枪击案是 1999 年 4 月 20 日于美国科罗拉多州杰弗逊郡哥伦拜恩高中(Columbine High School)发生的校园枪击事件。两名青少年学生埃里克·哈里斯和迪伦·克莱伯德配备枪械和爆炸物进入校园,枪杀了 12 名学生和 1 名教师,造成其他 24 人受伤,2 人随即自杀身亡。这起事件被视为美国历史上最血腥的校园枪击事件之一。——编者注

是人们茶余饭后会闲聊起的，那就不要让你的品牌和这些故事或事件搅和到一起。"9·11"事件 12 周年之际，许多公司纷纷在社交媒体发布内容，将自己的品牌与对这个悲剧的回忆联系在一起。AT&T 公司①发了一张图片，图片上是它的一款智能手机，手机屏幕上是两束光，位置刚好是以前纽约双子塔的地方。这张图片引起了十分强烈的抵制，AT&T 公司不得不迅速删除图片，并被迫道歉。

让你的观众参与总会带来一些风险，然而我们已经从经验中学习到，与放弃对创造过程的部分控制权所带来的风险相比，更好的演出和满意的观众所带来的收益要远胜一筹。我们猜对大多数公司来说同样如此。既然这是你能小范围进行尝试的东西，那为什么不放手一试，让你的观众有机会成为你公司故事的一部分，看看他们会如何反应。只要记住：构思阶段的快速合作创造效果最佳，但是它要求你创建一个安全的平台，在这个平台上每个人都知道你只是在快速尝试，偶尔的失误不会让任何人（或者每个人）陷入麻烦。当风险提高之后，你可以减缓合作创造的进程，花更多的时间去仔细规划你们的交流方式，突出你们公司独特的、真实的品牌形象。

---

① AT&T 公司是美国最大的固网电话服务供应商及最大的移动电话服务供应商，此外还提供宽带及收费电视服务。——编者注

第 5 章

改变很难,喜剧和即兴表演能让它变得容易

Y_{ES}, A_{ND}

埃尔文·布鲁克斯·怀特（E. B. White）曾经写道："分析喜剧就像解剖青蛙：很少有人真正感兴趣，而由此牺牲的青蛙倒不少。"我们会保持分析简洁，但值得一提的是，第二城市已经花了数十年研究如何有效地通过各种不同的媒介运用幽默。在这些研究过程中，我们形成了自己的喜剧理论。

在本章，我们会向你展示如何将喜剧作为一个宝贵、有效的工具来抓住观众的注意力，尤其是在企业文化发生变化的时候。如果喜剧是一块敲门砖，那么即兴表演就是管理内部及外部商业挑战的工具——无论这种挑战是来自市场驱动还是大自然。再者，喜剧和即兴表演这一组组合拳能让你挖掘出许多品牌珍爱的东西——真实性。

令人惊奇的是，有这么多使用喜剧作为交流方式的公司，却很少有公司真的清楚到底什么是喜剧。那么喜剧到底是什么呢？我们把这个问题抛向了我们的同事安妮·黎巴拉，她是第二城市训练中心前执行艺术总监，之后离开训练中心，到哥伦比亚学院（Columbia College Chicago）担任喜剧写作和表演一等学士学位的主管。她刚好也是凯利的妻子。

安妮寻找的不是一个包罗万象的喜剧大理论，相反，她相继担当了表演者、导演和老师的角色,聚焦点一直在喜剧的必要元素上。她总结出了三点:认知、痛苦和距离。

喜剧的三要素

1.认知

安妮提道:"我们在第二城市不断使用认知这一元素作为喜剧创作的方式。在不同的城市表演时将内容'本土化'——只是提一下毗邻的郊区就能引发阵阵笑声;进行简单的'回放'——当前一幕的演员窜到后面一个毫无关联的剧幕中时,观众就会笑起来。"

2.痛苦

短剧获得观众的笑声,并不仅是因为观众认出了故事情节,而是观众意识到这个故事并不如一开始所想的那么简单,他们随即就被这个发现震惊了。就如安妮所说的:"喜剧的构成离不开一点点不舒服。即使是最简单最幼稚的笑话也包含着一丝不舒服,因为你会觉得'我以为我知道答案,却发现我是错的'。这个笑话例子还包含着与禁忌相关的不舒适。"不舒服、幸灾乐祸、紧张、不协调、暴力、惊讶、认知失调、冒险、尴尬、禁忌、危险、错误,所有这些都是痛苦的,但是所有这些都能用于喜剧的创作。

3.距离

如果我们仅仅将真相和痛苦放在一起,那么得到的就不是喜剧,而是悲剧。我们还需要一个元素,我们需要将真相和痛苦放在一个让观众觉得安全、可以自在地发笑的环境中。"我喜欢把这个语境称为'距离',因为时间和空间的距离常常能创造一定程度的客观性,提供安全感。"安妮说道。

如果一个关于近期事件的笑话失败了，喜剧演员会问他们的观众："是太快了吗?"另一个熟悉的喜剧公式是"悲剧加上时间"，但是一个安全的喜剧语境同样也是由物理距离创造的。梅尔·布鲁克斯(Mel Brooks)说："悲剧是我切掉了我的手指，喜剧是你掉进洞里然后死了。"反复地出现一些负面的东西会导致距离效果的产生，这就解释了战士受到绞刑的幽默，或者在高风险手术中的医生的幽默，或者工作崩溃中同事的幽默。

安全的语境不只是关于距离，它也关于亲密或者信任。有风险的笑话由那些确认出于好意的人来讲会更加有趣，你可以在全部是朋友的环境下对某种禁忌情景大笑，但是如果你妈妈也在这个环境中，你就会产生不舒适感。

在第二城市，我们会在观众面前写剧本，这给了我们足够的机会在创作过程中调整这三个要素(回想一下前面章节中米克·内皮尔如何创造安全的语境让观众享受超人场景)，并就如何将这一知识运用在剧院外的各种场景形成我们自己的理解。

第二城市传媒部在与企业合作时，总是在"幽默"与"过火"之间保持平衡。大企业总是反对变化，缺乏幽默感，过于敬畏自己的产品、历史和领导，这几乎是自然的甚至是公理性的。但是我们现在要告诉你的是，一旦涉及通过喜剧召唤真相，我们的政府部门和非营利性机构客户会比大企业更加麻烦。这些人比普通大众享受着更大的福利，或者有着更高的工作满意度，但是他们对工作非常死板、非常严肃，普遍不喜欢我们说任何废话。

这也是为什么我们很感激美国教育部邀请我们参与一些重要的工作，工作的主要内容是与三批选民进行一次关于教育改革的会议:学校董事会主席、学校监理人、教师联合会领导。(这次会议工作都是通过私人募捐资助的,没有用纳税人的钱。)会议的关键是让所有与会方都坦诚地承认制度内的每个人面临的挑战,并且认识到他们的贡献和行为关系到这次改革能否成功。具体的思想就是,对于即将到来的变化,每个人至少应该就公共教育体系的现状达成共识。

听起来很有趣?事实上的确如此,因为我们在教育部的客户知道幽默在坦诚地、建设性地找出问题和障碍中所起到的价值。

而且,我们没有讽刺教师联合会、学校理事会或监理人,我们做了任何一个自重的喜剧团都会做的事情:将喜剧的目标定位在房间之外的人,寻找一个共同的"敌人"。

在这个案例中,我们选择了芬兰。

我们在会议舞台上现场表演了一段开幕剧,这段剧本写得非常巧妙,采用了那个很流行但是并未经过证实的观点——一谈到教育,芬兰人就全都明白了。这段短剧非常有趣,但不是因为我们戴着假发、操着一口芬兰口音或者拿驯鹿开玩笑,虽然这些事情我们都做了。它让这个混合群体感到有趣是因为这部短剧突出了这样一个在他们脑海里反复出现的观点(抑或错觉):我们的教育体系已经无可挽救,芬兰人的教育远远超越了我们。

这个短剧做到了所有优秀的喜剧能做到的:在现状面前竖起一面镜子,将人们团结在一起,强迫观众去理解一个共享的事实。在这个案例中,事实就是教育改革还有许多实际的工作要做,局外人拿不出完美的体系,内部人士也给不出全部正确答案。鼓励这些常常相互反对的不同群体对着艰难的挑战报以大笑,教育部这样做是有风险的,但是这样做之后,他们就能够向这些群体表明,彼此之间仍然存在达成共识的空间和采取共同行动的动机。为期两天的会议我们一直在现场,表演了几部类似的场景,目的都是对主导教育政策几十年来的现有假设和论点进行讽刺。虽然我们不能说是自己一手改变了美国公共教育之路，但是会议当时得到的反馈以及会议之后的事实证明了是我们让这个原本充满了严峻基调的会议少了些争论，多了些效率。

任务完成。

喜剧和即兴表演组合拳

无论你是在教育领域、政治领域、新创企业还是福布斯 500 强公司工作，改变总是困难的。尽管我们不是一家改变管理咨询公司，但是从与数千家不愿改变的公司的合作中，我们知道了喜剧和即兴表演在影响公司转型上起着重要的作用。当现状不再奏效时，公司和领导就需要某种方式来改变会话方式，让人们重新思考那些带领他们走向迷途的假设。做到这个有许多种不同的方式，但是我们给客户提供的方式是通过仔细思考后精心创作的喜剧信息来抓住人们的注意力，让他们面对不舒服的现实，但是又没有受胁迫或者毁谤的感觉。喜剧能够温和却有力地讨论失败的地方，同时清楚地指出变化的需要。但是打破围绕着公司失败和挑战的紧张气泡是不够的，仅仅喜剧式地路过一下，再对人们严肃的问题调侃一番并不能帮助任何人。要想真正地有效，我们必须帮助客户建立解决这些问题的能力。因此，当人们害怕推进新领域或者采取大变化时，我们就会亮出我们的秘密武器——即兴表演，来帮助他们建立提高个体和公司敏捷性的关键技能，从而启动和支持公司要做的任何变化。

换一种方式来说，我们学习到的喜剧和即兴表演可以形成一套组合拳，让变化变得容易。喜剧能让我们确认问题并坦诚地去讨论它，即兴表演能建立人们解决随企业内部变化而来的问题所需的关键技能。我们会就此提供一些具体的例子，从喜剧方面开始，接着再讲即兴表演部分，届时我们会提供一些工具、技巧以及练习，你可以通过这些练习来提高团队进行积极变化的能力。

叫出房间里的大象

无论在商业领域还是在生活中，要想改变一个人的行为，就必须先改变他的态度，要想改变一个人的态度，就必须先明白有一种情境需要换种角度来看待。我们在客户的董事会会议室、呼叫中心和休息室都见证过这个道理，但是最好的一个例子却不是发生在商务环境里，而是在一个休闲的场所——我们一位长期伙伴挪威邮轮公司的一艘船上。

我们与挪威邮轮公司的合作伙伴关系看起来是不可能发生的，这过程非常有意思。这是安德鲁·亚历山大的主意，他在《今日美国》看到一篇文章讨论邮轮行业如何拓展业务、与各种不同的品牌合作。百老汇音乐剧、牛津大学、拉斯维加斯时事讽刺剧，所有这些都想在邮轮上提供品牌娱乐内容。然后他就想，我们为什么不呢？

我们十分有经验的新业务拓展团队马上就开干了。换句话说，我们谷歌了排名前 5 的邮轮公司，给他们寄了信和手册，信上说他们应该和我们合作。

这奏效了。

几周内我们就安排了与其中 3 家邮轮公司面对面的会议。一个月后，我们与挪威邮轮公司达成协议，让第二城市的一个团体登上"挪威黎明号"（Norwegian Dawn）进行演出。这组团队既能按既定剧本表演，也能即兴演出，我们还会为任何有兴趣的人提供即兴表演课程。

我们感觉到自己刚刚打开了一项迷人的业务，也创造了一个人才培养机会。事实上，《周六夜现场》演员阵容中有 3 名成员就是在挪威邮轮公司的游船上度过了自己的青葱岁月：瓦妮莎·拜尔（Vanessa Bayer）、艾迪·布赖恩特（Aidy Bryant）、塞西莉·斯特朗（Cecily

Strong）。我们起初也对我们品牌的适宜性产生过担忧，不知道要如何为这些观众演出。灼热的政治讽刺剧是我们在芝加哥和多伦多舞台上的基本演出类型，但是这种类型不会成为邮轮演出的内容。必要的是，我们必须复制在主舞台获得成功的演出模式，然后将其运用到这个全新的舞台上，这也意味着我们要让观众来说什么内容有效果、什么内容不奏效。

我们既没有进行多次试演，也没有经历许多错误，而是对哪些内容能达到最佳的效果进行了有根据的推测。这样一来，一旦在邮轮上开始表演后，我们就能对内容进行切换。第一次演出的主要是我们一些最受欢迎的作品，这些作品经过了时间的验证，但是接下来发生的事情却有点出乎我们的意料。

把一群即兴表演者放在一艘邮轮上会发生什么？他们会开始写关于邮轮生活的内容。因此，这个团体不知不觉地就发现了第二城市对邮轮娱乐领域做出的重要的创造性贡献：取笑与经验相关的任何事情。而挪威邮轮公司最棒的一点就是，他们从不退缩。恰恰相反，他们鼓励我们带着讽刺的镜头走得再远、再深入一些。他们不施加任何限制，而且值得称赞的是，挪威邮轮公司一直到现在都是如此。几乎在 10 年后，第二城市在 6 艘挪威邮轮上进驻了全职的表演团体。在那会儿，我们已经雇用了 450 位演员、音乐家和导演全职与挪威邮轮合作。

让自己看起来很愚蠢自有它神奇的力量，调侃那些从各种邮轮乘坐经验中发现的很显然的问题也有它神奇的力量。我们的灵感来自微小的客舱、自助餐处长长的队伍、整艘船上永远不停的大喇叭通知、冲水力度大到仿佛身体都要被吸进船体里的抽水马桶，而观众完全接受我们的这些创作。

对于邮轮上的员工来说，最大的一个障碍就是坏天气。尽管邮轮无法掌控这些因素，但是乘客花了数千美元不是为了把自己藏在小客舱里,观看外面大雨滂沱,浪花一浪高过一浪,邮轮来回摇晃。

天气糟糕的时候,剧院里通常都是满座的,因为没人能到外面的甲板上闲晃。在这样的情况下,我们就要为 2000 个人表演喜剧,这些人的心情有略微烦躁的,也有怒气冲天的,这样的演出情形真是不值得羡慕。一些人可能会想,最好的办法就是尽量不要提及天气。为什么要提让每个人都很生气的事情呢?但我们做的恰恰相反。

我们没有停止对天气的调侃。如果房间内的大象是天气,我们可以保证会拿天气开许多玩笑。这奏效了。在演出过程中,你能感受到这种紧张的气泡越来越小。我们给了观众一个工具,他们可以借此释放自己当时的负面能量。当人们可以对自己的问题报以大笑时,这个问题引起的情绪就消散了。我们尊重观众对天气的态度,但是我们不畏惧它,因为畏惧会消除我们用笑声改善情况的能力。

那么,挪威邮轮公司的经历和企业改革有什么关系呢?我们认为这中间有着重要的联系。大多数企业改革项目都有一个可预知的结论:至少有一批人会被惹恼,因为他们不得不进行一些改变,这种改变可能是报告结构、日常职责、工作系统,甚至还有可能是报酬方式。遇到突然下雨、海平面高涨的时候,巡海的游客们会感到厌烦和暴躁,而职员在被迫进行预料之外的改变时也会产生一样的情绪。通常在这样的情况下,我们看到公司会花许多时间、金钱和精力来故意淡化这种变化,仿佛这样做他们就能说服员工接受这些强加的变化。我们把这种做法称作"商务坦诚",这是我们对"商务休闲"的一个别称。"商务休闲"有 85% 是让人舒适的,有一点点是欺骗性的,"商务坦诚"也一样。尝试"商务坦诚"途径的人还不如直接面对冲突,诚实又思虑周密地挑明它,这样反而能让别人有机会更快地进行消化然后继续向前迈进。

记住我们在本章一开始所说的,改革计划要求实实在在的行为改革,而在人们改变行为之前,他们必须先改变自己的态度。利用喜剧来平息紧张的氛围，人们就能更快地改变态度，这样你就能从有效的改革中真正获益。

是谁把我的道德标准置于你的顺从之上？

好吧，我们知道你们有些人马上会说："是的，是的，所有这些喜剧理论对你们来说都是好的，第二城市的笨蛋们。但是这些理论永远不可能在我们公司适用，我们远比茶党（Tea Party）①更保守，我们的老板永远不可能允许我们对真实存在的问题公开调侃。"

行的，放轻松点，伙计。这个部分的内容就是为你准备的。我们在脑海里为你写了一首歌，它是这样的……

好吧，我们并不知道怎么写歌，但是我们对这个话题超级自信。我们上千次地面对过质疑，虽然对喜剧理论在公司内部的角色产生担忧是合理的，但是经验告诉我们，在传达重要信息时，认真地适用喜剧这种方式能使任何公司或话题受益。再进一步，信息越具有批判性，你实际就越需要喜剧来切出一条路径，抓住别人的注意力，让这个话题可以安全地进行讨论。与直觉相反，风险越高，你越需要创造诚实会话的空间，而就这一点没什么比"喜剧"做得更好。

还是没有底？那你听听这个：在过去 3 年，我们用喜剧的方式解决了最棘手、最乏味、一旦做错就有可能蹲监狱的话题，从而快速但又不知不觉地在企业道德和顺从训练领域引发了一场改革。我们做到了，当然这也离不开这些伙伴的合作。企业道德及顺从训练这块领域极度需要改变。那些不幸遭受了内部训练或《海外反腐败法》（*Foreign*

---

① 茶党不是一个政党而是草根运动，茶党运动是右翼民粹主义运动，现已经成为保守派民粹主义者发泄不满的平台。——编者注

Corrupt Practices Act)①电子课程的折磨的人，你们知道这种内容有多么无聊——甚至侮辱智商，再加上单调乏味的培训、侮辱性的角色扮演和按章照抄的方式，这些几乎推动不了任何积极的行为变化，却常常会在这些忍受着每年行为准则认证的可怜人中滋长一股愤世嫉俗的情绪。

在我们与企业客户的所有合作中，道德和顺从训练不得不说是最大的喜剧盲区，这历来都是幽默的死亡地。即使按照相对宽松的企业喜剧标准，这东西仍然具有扼杀性。也正是因为如此，我们才将它纳入考虑范围，而令人震惊的是，这竟然大获成功。2007 年金融危机之后，企业娱乐、培训和市场营销这些第二城市的主要业务都跳水了，因此第二城市传媒部开始寻找一些不易衰退的行业作为权宜之计。于是，我们的功课就成了做一些迷你的视频用于宣传公司的道德热线或者行为准则，在深挖的过程中，我们发现这个领域存在很好的商机。大公司都愿意做这样的培训，而市场上已有的此类产品几乎都受到了广泛的鄙视。因此，我们开发了一个视频内容库，名字就叫"真实商业短片"："短片"的意思是短小的幽默视频；"真实"意味着我们不会掩盖大多数已有的顺从训练的弊端，我们会保持真实。

3 年里，我们合作了几乎 300 位蓝筹股（blue chip stock）②客户，在那之后，真实商业短片发展成了我们的一个大业务，而它依据的是这样一个反直觉的看法：风险越高，能从喜剧中获益的就越多。我们之所以会成功，不是因为我们拿违法的或者不道德的行为开玩笑，而是因为我们让原本难以理解的话题变得有趣，变得与普通员工更具相关性，这样

---

① 《海外反腐败法》是一部美国联邦法律，其主要条款有两个：反贿赂条款和会计账目条款。前者根据 1934 年《证券交易法》规定账目透明度的要求，而后者明确了向外国官员行贿的行为。——编者注

② 蓝筹股多指长期稳定增长的传统工业股及金融股。"蓝筹"一词源于西方赌场，在西方赌场中，有三种颜色的筹码最为值钱。——编者注

一来，员工就更有可能会在第一时间进行关注。

因此，为了执行喜剧的三次法则，我们会奉上商务沟通中喜剧的角色准则（增添了一点点内容）：改变态度之前你无法改变行为，得到关注之前你无法改变态度。真实商业短片以及我们使用的喜剧方式能让人们开始关注，而在顺从训练领域发生的积极变化也表明，每个人都会因此变得更好。

尊重/敬畏动态学

我们常常发现，公司（就这点来说，个人也是）缺乏幽默感，主要是因为它扎根于一种错误的念头，认为一个人必须对公司以及公司的信念持敬畏之心。我们不这么想，我们会把"敬畏"这个词语换成"尊重"。

快速查看一下 www. dictionary. com，你会得到以下两种定义：

尊重：对一种价值感或者一个人的优秀之处表示敬重，是一种个人品质或能力。

敬畏：尊重并带有畏惧，崇敬。

我们衷心地赞同尊重，我们建议对敬畏保持警惕。

以下就是差别：尊重就像是道路规则，它让我们在十字路口不会发生相互碰撞，尊重要求你考虑他人。但是，敬畏将尊重变成了一样太完美以至于不能触碰的东西。

尊重允许有不同想法和感受的人之间进行对话，从而创建通向理解和改变的路径。敬畏会导致对个人和制度的偶像崇拜，它不是"和"我们说话，而是"对"我们说话。敬畏要求不被质疑，敬畏是变化的敌人。

这种二分法经常在商业、政治和我们的宗教及教育机构发生，任何

结构层级化的机构——也就是我们平时经常来回跑的那些地方,其每个层级上都存在尊重/敬畏动态:

> 员工和老板
> 选民和代表
> 俗人和牧师
> 学生和老师
> 老师和校长
> 教师联合会和学校董事会

以上每一种关系都涉及拥有不同地位的人,因此相互尊重的动态很容易就会转变成敬畏的动态。当这种转变发生后,地位低的人就会觉得无法指出地位高的人或者他所代表的制度的缺点和不足。而在任何环境下,害怕向当权者说出真相会导致在需要改变的时候很难达到改变。自宫廷小丑的时代起,或者甚至在还要早的某个山洞里,喜剧就被用于平衡竞争环境,让处于低地位的人有机会说出他们领导的缺点和不足。

一部最好的讽刺作品,它的核心能力就是在玩世不恭的同时又保留一颗尊重的心。这样才能促使人们思考,打开改变的可能性。如果人们没有感受到尊重,他们就不会来听你。第二城市在剧院之外演出时,你可以保证十次有九次我们会游走在尊重与不敬之间,就像走钢丝绳。这是我们的生计来源。也许第二城市最激进也是最被低估的一面,就是我们能够在两种看起来完全不同的东西之间完美地保持平衡:我们有着讽刺的天赋,怀着这种天赋,我们可以撕碎需要被撕碎的东西;但同时,我们又热爱"是的,而且"这个概念,这个概念的终极目的是肯定和建设已有的想法。我们一面在拆毁,一面又在重新建造比之前更好、更有魔力、更有见解的东西。

没错，在创新这条路上，如果你对你的产品或者服务过于敬畏，那么你就会胆怯于大的改变。你对现有事物的喜爱，超过了对创造更好事物的期待。

为什么这一点这么重要？

因为几乎所有的创新行为——从产品设计到先进的教育再到组织一支获胜的棒球队——都要先改变现状。创新者会对事实存在的东西进行质疑，创新者得不到真相就无法安宁。例如：

阿尔伯特·爱因斯坦（Albert Einstein）——尊重数学和物理的基本法则，但是并不那么敬畏牛顿法则，因此他强迫自己证明了自然现象之间新的、不同的关系，更好地解释了宇宙是如何运作的。

史蒂夫·乔布斯（Steve Jobs）——尊重科技给人们生活带来的改善，但是并不那么敬畏现状，他看到了为非技术人士提高技术美观性和可用性的空间。

比利·比恩（Billy Beane）——作为在迈克尔·刘易斯（Michael Lewis）的《点球成名》（*Money Ball*）（同名电影在好莱坞大获成功）中出名的职业棒球大联盟总经理，他尊重联盟的预算参数和奥克兰运动家队（Oakland A'S）的所有权，但是彻底改革了球队对统计数据的使用，使得球队在那些参数的限制内更加有效地进行比赛。

这些创新家和变革推动者是真正的即兴创作者，他们使用了"是的,而且",也使用了我们用于创作讽刺作品的"尊重不敬"动态学,来改变世界,让它变得更好。

如果你是改革推动者,力排众议地做着上帝的工作,那么接受这些观点是容易的,因为别人在做的都是错的。该死,他们将不得不做出改变,这样你才能让你机能失调的公司运作得稍微好一点。但是,如果你是改革命令的接受方,而且大家都认为是你无意识地阻碍了改革的进程,那又会怎么样呢?无论话题是关于公司战略、内部政策,还是新的产品发展计划,你作为领导不得不去倾听,并敞开心扉接受更好的发展可能性,在尊重和敬畏之间达到平衡。不要觉得你不是 CEO,这就和你没有关系。你可能不是"那个"领导,但是只要你管理别人或者承担着能帮助或阻碍团队工作的责任,那么你就是领导,我们说的可能就是你。

镜子

我们尝试在第二城市建立尊重但又不敬畏领导的基调。然而坦白说,虽然有时候做对了,但经常是做错的。不过无论如何,我们都会在一年一次的年度庆祝宴会上听到来自员工的毫不修饰的真话,而且足够讽刺的是,我们把这个宴会叫作"第二城市节日派对"。

几十年来,第二城市节日派对的一个主要特色就是"员工秀"。这是一场大约 40 分钟的时事讽刺剧,由剧院晚班和兼职的日班员工出演。它常常借用目前上演的讽刺剧场景来诙谐地模仿在第二城市舞台下和聚光灯外工作的经历。

这场秀无礼、粗俗、讽刺、毫无歉意、非常滑稽,而且,它是那么、那么真实。没有一个人能从中幸免。

从舞台上的明星演员到分支机构老板再到公司持有者,这些员工毫不收敛地展示着任何小小的虚荣事件、不受欢迎的业务决策，甚至还有几年前才发生的案例：兼职员工用喜剧表演的方式恳请公司支付保险，表演得既尖锐严肃，又令人捧腹大笑。

节目以一首歌开场，指出了白班工作的全职员工和承包了所有脏活的夜班员工之间的差别，显得足够单纯可爱。但是接下来，夜班的一位女侍者却走下了舞台，直接站到公司持有人安德鲁·亚历山大的座位面前，对他唱道："他可以穿得起一条牛仔裤，他为什么就不能给我们买保险？"总经理迈克·康韦（Mike Conway）已经把自己埋到了桌子下，考虑到歌词包含的那些个人暗示，他万分尴尬地认为这可能会成为近年来舞台上最挑衅的演出，但是安德鲁却大声笑了起来。他也开始思考。第二天，他要求团队立刻找出能为大楼内所有人提供保险的方式。我们做到了。

夜班的员工之所以能用喜剧带来改变，不仅因为他们的讽刺是带着尊重的（这在我们的文化中完全适宜），还因为这种讽刺有着十分有效的"不敬"，在公开场合以一种有趣又诚实的方式喊出了对医疗保险的普遍担忧。

当然，我们知道大多数公司都不会在年会上安排舞台演出，但是仍然还有许多方法可以创造适度宽松和不敬的文化。

- 我们的一位客户发表了一份内部时报，里面陈述了整年来高层管理所犯的错误，发表时报的目的是让人们能够安全地指出犯错误的人。

- 做项目管理的大本营公司（Base Camp）开展了"产品吐槽会"，目的是指出设计和生产缺点，然后他们就能用所学的对产品进行改善。

- 越来越多的公司开始进行定期的"如果我们能做些什

么"思维讨论会,为大家提供一个平台分享发散性思维。

也许你的公司在这个主题上已经做出了自己的变化。具体的配方并不重要,关键是领导者要创造环境,形成习惯,温和且尊重地将缺点、错误和争论公开化。害怕惩罚就意味着遮掩问题,这样的环境下无法产生积极的组织变革。

尊重、敬畏和真实

正确的"尊重/敬畏"动态学能提高公司积极变革和创新的能力,除此之外,它还能带来另一个重要的好处:真实。

真实总是受到珍视的。公司领导希望别人认为自己是真实的,政治家也是,品牌也同样如此。然而,与前几十年相比,现在对真实的讨论似乎更加多,也许是因为网络——尽管网络有着许许多多的缺点,但是它却推动了透明化和公开化。在当下这个人人上网的世界,每个人都有一个喇叭筒而且他们不怕使用这个喇叭筒,因此瑕疵、公司缺点、糟糕的企业公民意识都不可避免地遭到曝光。同样,好的行为、成功的故事和感谢信也会为众人所知。

归结起来就是:由于网络,公司在他们的观众和顾客面前无从躲藏,而这个新的现实促进了透明、坦诚,在某些情况下,也促发了之前从未见过的不敬。

例如,看一看安德鲁·梅森(Andrew Mason)宣布从高朋(Groupon)①离开的公开信。

---

① Groupon(由"group+coupon"衍生出的一个新词)为全球最大的团购网站,是每天都有超低折扣的低价优惠购物平台,每日提供不同的优惠券供客户集体选购。——编者注

高朋的各位同仁：

作为高朋的首席执行官，我度过了四年半紧张又精彩的时光。现在，我决定用更多的时间来陪伴我的家人。开个玩笑，我今天被解雇了。如果你在想为什么的话，那你一定是没有好好关注。从我们一季度有争议的指标到我们实质性的缺陷，再到两个季度无法达到预期目标，股价一直徘徊于上市价格的 1/4，过去一年半的种种事件已经说明了理由。作为首席执行官，我是有责任的。

也许值得一提的是，梅森是芝加哥第二城市的老熟人，在他的任期内，高朋因为雇用即兴表演者而出名，也以其适应能力和快速思维能力而为众人所知。

但是其他公司也采用了相同的方法。达美乐（Domino）①在发现它的披萨并没有那么好吃后，进行了一项市场活动，只要顾客不喜欢改良后的新披萨，公司就退钱。这个活动开始后，达美乐的收入迅猛增长。你可以发现，达美乐的不敬（承认口感欠佳在食品广告界从未有过，规范的广告应该是"咬一口然后微笑"、新鲜的蔬菜在慢镜头下跳跃）反而是对顾客最根本的尊敬，因为它说出了顾客体会到的真相。

网飞公司（Netflix）②曾一度改变条款、提高收费，之后，首席执行官里德·哈斯汀斯（Reed Hastings）对此承担起责任、进行道歉，并表示会将条款改回原先的内容。现在，网飞公司推出了诸如《纸牌屋》(*House of Cards*)、《发展受阻》(*Arrested Development*)、《女子监狱》(*Orange*

---

① 达美乐披萨（Domino's Pizza）是一家跨国的披萨外送连锁店，总部在美国密歇根州的安娜堡，也是全美第二大批萨连锁店（2004 年），仅次于必胜客。——编者注
② 网飞公司是一家美国公司，在美国、加拿大、新西兰提供互联网媒体播放、蓝光光盘在线出租业务。——编者注

is the New Black）等一系列佳作，掀起了一波成功的浪潮。哈斯汀斯并没有过于敬畏自己的地位和公司的条款，他看不到反向行事的好处，而是选择尊重顾客群体的意愿。

最后一个探索尊重、敬畏和真实之间关系的例子——第二城市也会收到恐吓信。但是我们公司与你们公司不一样的地方在于，我们会把恐吓信裱起来挂在大厅展示，让每一位顾客都能看到。

我们这样做有两个原因：首先，它很有趣；其次，它是对品牌精髓的一种强化，让观众在观看第二城市演出之前就了解这种精髓非常重要，它能真实地将第二城市展现给观众。而且坦白说，我们把恐吓信挂在墙上，也是因为每天向我们自己的员工展现公司的品牌精髓有着同样的重要性。对我们来说，比起一些悬挂在公司休息室门口没有上下文的标语，恐吓信更加真实。

因此，如果你希望改革或创新，你需要能够而且愿意撕毁现有的权力基础，冒着风险对那些墨守成规的人发起进攻，并且有信心和勇气在原地建造起全新的东西。最后，当下一个创新者出现，对你做了相同的事情时，你要有勇气来面对。我们收到恐吓信，就证明我们做对了一些事情，证明我们对自己是诚实的。然而，别的公司经营的产品不像我们这样具有破坏性，当这些公司收到纷至沓来的恐吓信时，他们也许就会反复审核自己的战略，然后开始向顾客开刀。但是，如果你实行了创新改革却没有一个人抱怨，那么很有可能你走得不够远。

真实的同时又要在尊重和不敬之间保持平衡，这不容易。可能也正是因为这样，大多数人都认为改革推动者和创新者生来就带着特殊的基因，可以帮助他们成功。事实却是，你可以训练别人成为更好的创新者和改革推动者。我们每天都在这样做。

即兴创作：一种建立变革技能的方式

通过这么多年的经验以及与不同类型客户之间的广泛合作，我们发现即兴创作是一种建立变革和创新技能的极好方式。每一年我们要对成千上万的人培训即兴创作，他们中有许多是充满抱负的演员，但是也有很大一部分人是商务专业人士，他们以团队模式展开工作，希望能磨练自己在某些方面的表现。虽然对不同的人有不同的任务，但是我们重点培训的主要是团队敏捷性、信任、支持以及开放式交流。接下来我们会逐个进行讨论。

团队敏捷性

在大机构上班有许多优点，但是大机构的一个大缺点是运作缓慢、抵触变革、缺乏机构敏捷性。另一方面，优秀的即兴创作者显然十分敏捷，能够随机应变，运用高超的技巧对新信息做出反应。因此，在谈到敏捷灵巧时，我们对团队就有内容可以讲了。

我们曾经与一家消费者技术公司合作，这家公司正努力将产品通过自己的生产线及时输向市场。它是一家全球化的大企业，也是市场的主导公司之一。但是规模越大，却似乎越受产品研发流程的束缚。他们需要寻找方法令自己更加灵活，更能适应市场环境，只有这样，才能更好地与市场上新的、更加敏捷的竞争者竞争。一位项目经理很好地总结了自己的挑战："我们都知道我们的过程是复杂的，但是我们所面临的一个最大问题是如何在发生意料之外的变化时继续保持项目强劲的势头。"

作为大型变革管理项目的一部分，公司学习与发展部门人员联系了我们，我们一起为产品研发流程中的重要工作人员制定了一系列变革和适应能力课程，课程主要覆盖了设计、供应链、项目管理、销售和产品营销。

我们制定的这些大型变革课程还包含了一项名为"收回那句话"的练习。练习的目的是帮助团队成员更加灵活地处理意料之外的事件，鼓励他们在意外发生时，主动向队友提供有用的新方法。这项练习以三人为一组展开，要求其中两个人就任何话题开展会话，第三个人的任务就像蜂鸣器一样，时不时地用拍手声打断谈话。这个时候，正在说话的那个人必须收回所说的最后那句话，然后用一句新的话进行代替，这句新的话必须也能切合进原先的内容。某一个小组的"收回那句话"对话如下所示：

人物 1：我今天去上班的路上顺便把我儿子送日托所，正让他下车时，看到了一起事故。

人物 2：每次遇到事故我都感觉很糟糕，因为我怕有人受伤。

（拍手声）

人物 2：每次遇到事故我都感觉很糟糕，因为我知道这会让我上班迟到。

（拍手声）

人物 2：每次遇到事故我都感觉很糟糕，因为它会让我想起我 16 岁的时候是怎样撞毁我爸爸的车的。

课堂上的其他小组也同时进行着这类会话，过了一会儿，我们叫停了练习并进行总结汇报。我们讨论了成功展开这种不寻常会话需要哪些东西，一位参与者说："我原本以为这会很难，我真的很惊讶我的队友能够这样快速地适应，每次都提出新的想法来使会话继续。"

无论是这个小组，还是我们培训过的许多其他小组，当大家知道自己和自己的队友比想象的机智得多时，都会放松一口气。如果你能保持这种正确的心情，那么在出现障碍物时，你几乎总是能想出新的解决办法。通常，团队内最大的压力诱导因素不是变化发生了这个事实，而是随之而来的个人责任感——我们觉得自己得成功适应变化，不让身边的人失望。"收回那句话"的练习提醒着我们，如果我们信任自己，当工作中出现不可避免的问题时，能够相互寻求帮助，那么我们就拥有处理意外变化所需要的一切东西。

在与这位客户为期一年的合作中，我们开展了数次这样的课程，触动了几百位重要员工。我们看着他们挣扎，然后继续改善新的产品研发流程。可以肯定的是，他们仍然遇到挑战，但是整体的产品研发都能按时完成，较之以往，工作进程也有了更高的可靠性。我们不能说自己的贡献是推动他们改善的关键因素，毕竟我们只是很小的一部分，但是我们可以说，这些人完成课程后，对自己和团队敏捷性有了更好的认识。

我们的课程参与者对此进行了很好的总结。"我们在一个工程环境工作，工作的全部内容就是消除瑕疵和缺陷，"她说，"但是既然连人都不是完美的，事情也不会一直按照计划发展。现在，我们能更好地适应那些在产品研发流程中出现的重重障碍。"

信任和支持

变革常常涉及企业里的每一个人，因此当你在参与一项大范围的改革项目时，建立信任和支持的环境非常重要。当事情发生变化时，摩擦、混乱和紧张常常也会增加，知道自己可以信任身边的人是成功的关键。这在大机构里总是很难做到，倒不是因为大机构里的人天生就不值得信任，而是因为我们通常都会有不同的优先事项和日程安排。即使我们有想要相互支持的心，也未必会做，因为我们太专注于处理自己的事情了。

第二城市传媒部在加拿大的分支曾在几年前与一家大型的零售商合作，这家零售商正在进行一个重大的机构重组。伴随重组计划而来的是一系列系统和流程变革，这些变革都代表着与公司往常业务的彻底背离。我们是在重组一年后进入这家公司的，那会儿变革带来的一些最初创伤已经过去了，但是一些残余的痛苦仍在，我们也感觉到经历了这次重组，公司内既有赢家也有输家。

我们被邀请与公司的领导力团队合作，这个团队有大约 50 位经理，代表着公司各个不同的职能部门。培训的目的是帮助他们重新找回重组后消失的相互信任，创建一个更具凝聚力的运作单位。我们做了一系列的事情来支持这场培训，包括一个好玩又幽默的经理脱口秀节目，节目让领导力团队的各位成员解释公司进行的这场变革是基于什么原因，又有什么好处。但是，培训中最重要的那部分是对这些经理开展的变革课程。

出于他们特有的本性，我们所有的即兴创作课程对他们来说都有团队建设的一面。他们有趣、生动，相互之间互动方式也与平常工作时非常不一样。但是在一般性的团队建设之余，我们想做一些能够触及信任问题核心的练习，从本质及经验上向他们展示信任是怎样的，信任缺失后又会有怎样的感觉。

为了做到这一点，在做完一系列热身和常规交流练习后，我们进行了一场名为"谢谢你雕像"的练习。在这个练习中，团队围成了两个圈，每个圈大约 25 人。每个圈要求一位勇敢人士站到圈子中心，摆出任何他喜欢的姿势（愚蠢的或者刻板的都没有关系）。一旦这个人摆好了姿势，外圈必须有人走到中间，换下这个人，并摆出自己的姿势。当第二个人换下第一个人后，第一个人说一声"谢谢"然后回到圈中。

我们让这个练习持续了一会儿。中间出现了一些尴尬的停顿，没有人愿意走到圈中间，因为在你的同事面前摆姿势有一点点奇怪，对那些稍微羞怯一点的人来说，甚至还有些让人胆怯。但是几轮下来后，我们要求加快速度，速度真的很快就提高了。练习到了最后，我们对练习做了点改变——后一个人不再是替换前一个人，我们要求他们走到中心后在同伴的雕像基础上再摆一个姿势。最后的最后，我们让外圈的最后两位队员对这两座雕像进行命名。一个说"卷曲，但不是你的头发"，另一个说"庭院里的夜间约会"。谁会知道加拿大人骨子里有这样的抽象派细胞？

在对雕像命名之后，这个团队给了自己一阵响亮的鼓掌声，我们开始讨论这场练习。

"天哪，让我跨出那一步站到中心真是太难了。"一个人说。另一个回应道："我满脑子都在想着做一个酷一点的姿势，在这同时却留你一个人在那儿杵着。"

"谢谢你雕像"是一个很棒的练习，因为它承载了我们每天工作都要做的事情。我们亮出自己的想法，等待别人的评判。我们也许会获得队友的支持，也可能不会。我们绞尽脑汁希望想出自己的最酷的版本，却忽略了在我们面前那些需要支持的事情。也有一些人在同事陷入困境、需要支持时给予了帮助。

经历了这么大型的组织分裂之后，需要提醒这些管理人员，无论机构重组对他们的角色或工作关系造成了怎样的影响，他们仍然需要彼此才能成功。他们需要记住启动一项计划有多么冒险，而当你开始做的时候，能得到别人的支持是多么棒的感觉。他们需要记住如果你怀着感恩的情绪和合作的精神，那么任何变革都是可以应付的。这场练习结束后我们就开始吃午饭了，午饭时团队的领导走向我们的首席导师："他们没有一个人是和自己的小团体坐在一起的。"他一边笑着，一边指向房间的那头，"那两个家伙坐在一起吃午饭？我从来没有想过能看到这一幕。"

开放式交流

即兴创作能支持机构变革的第三个方面是创造更加开放的交流。想一想，如果你曾经经历过一场大型系统实施、一次公司重组或者任何大型的变革计划，你就知道这之后将会出现即使最周密的计划也无法预料到的故障。在这些情况下，频繁、开放和坦诚的交流非常关键，它能保证问题的确认以及快速有效的解决。

即兴创作的一个中心优点就是它能教会人们变得更加开明，而要找出变革中产生的问题，我们常常需要这种开明的心态。

我们融入变革领导力课程的一个即兴创作练习就是"情绪选择"。情绪选择在即兴表演圈中一般被当作一个表演游戏，但是它也是培训项目中的一个有意思的选择。

这个练习很简单。人们两两组队，就任何话题展开交谈。在不同的时刻，我们的导师会喊出一种情绪——愤怒！轻浮！忧郁！担忧！——然后每对组合就必须用这种情绪基调继续他们的交谈。想象一下如果你们恰巧在谈论钓鱼或者爆米花，突然插入这样一些情绪会是怎样的场景。这个练习的关键是告诉学员，他们所说的内容可以因为在表达时加入了某种情绪而发生变化。说的话可以一模一样，但是经过不同情绪的过滤，意思却会完全不同。

情绪选择可以在几个方面帮助你更好地处理变革。第一，它增强了你阅读和识别交谈过程中人们的不同情绪。第二，你可以决定自己是否想要跟上那种基调，或者寻找一个不同的基调来帮助你达到你的目的。第三，这是一个重要的提醒，告诉你交流不仅仅是关于你说了什么。

商业及生活中变革的不可逃避性意味着我们将会持续不断地面临各种挑战和困境。但是喜剧让变革变得更加容易应付，为各种各样的交谈打开了大门。一旦这扇门被打开，即兴创作专家就能让交谈变得容易许多。

第 6 章

利用失败

Y_{ES}, A_{ND}

在第二城市每晚的剧本演出之后，有免费的深夜即兴表演秀，之所以免费，自有它的原因。即兴表演很有可能会很糟糕，许多甚至会失败，但是我们能够坦然对待。事实上，尽管我们的行业很独特，但是我们与地球上的其他每一个公司有着相同的地方：我们会经常失败，有时候甚至非常引人注目。失败可能发生在我们的舞台上、在会议室里、在路上，发生在我们雇用和解雇员工的时候，也发生在我们的训练中心。我们在 55 年前失败过，我们现在也会失败，将来肯定还会失败。一旦你认识到与世界保持关联的关键就是持续挑战与改造你自己，失败就会发生。

我们"辉煌"的失败清单

以下是我们的一些失败案例，真是"熠熠生辉"。

我们不是美食家：一次，我们曾在多伦多经营的一家饭店引进了一个新菜品——"喧腾的牡蛎"。这是一款汉堡，最上面盖了一只牡蛎。当剧院门口停起一排救护车，带走几十个因为食物中毒而呕吐的顾客时，我们才意识到这东西不应该出现在菜单上。

怎么样不开剧院：离克利夫兰（Cleveland）的新剧院开张只有几周了，但是合同还没有全部完成，于是我们认为暂缓广告、团购、促销这类开幕前的传统可能更加明智。有趣的是，当合同签完后，剧场里并没有变魔术般地坐满观众。接着，我们总算出演了第一部时事讽刺剧《燃烧的大河之舞》（*Burning River Dance*），然后我们就收到了来自闻名国际的爱尔兰舞蹈公司的一封终止信，要求我们改掉标题和所有的图片。至于来到现场的那几个观众，每当出现对布什政府的讽刺时，他们就会大声喝倒彩。19 个月后我们关门了。耶！

那个都行，那么这个也会行：紧随着我们关于工作场合的道德和顺从培训视频系列的大获成功，我们看到了销售培训话题的巨大商机。不幸的是，在制作第一批视频时，我们高估了购买者对销售圈趣谈的胃口，同时也在产品制作上花费过多，多很多。好莱坞有《伊斯达》（*Ishtar*）、《未来水世界》（*Water World*）和《异星争霸战》（*John Carter*），而我们有这个。从好的一面来看，我们谨慎并乐观地推断这个项目在我们退休前就会破产。

第二城市蒙特利尔：我们在过去 20 年内曾三次宣布要在蒙特利尔开一家永久性的第二城市剧院。一直到今天，我们从来没有在蒙特利尔开过一家剧院。

严肃的即兴表演：在 20 世纪 90 年代中期，我们一小撮人——包括搞笑网站"笑死人不偿命"（Funny or Die）的主持人亚当·麦凯（Adam McKay）和深夜脱口秀《柯南秀》（*Conan*）的主持人布赖恩·斯塔克（Brian Stack）——决定出租一个瑞格利球场（Wrigley Fiecd）附近的沿街剧院进行一晚上的即兴表演。但是，这一次我们不再即兴表演喜剧。《看不见的轨道》（*Invisible Rails*）这部剧不会是喜剧，我们的演员要即兴演出的是严肃的戏剧场景，没有人说过即兴表演必须要幽默。

听起来很做作？是的。听起来要在剧院待上糟糕的 1 小时？肯定的。一个最让人喜爱的瞬间是极受尊重的第二城市校友和老师戴尔·克罗斯(Del Close)也来到了演出现场。当灯光开始变暗时,他发现这场演出将是一场戏剧性的即兴表演,于是立刻从座位上起身走出了剧院,这个时候舞台灯光刚好升起。

前卫还是愚蠢:戴尔·克罗斯在 20 世纪 80 年代后期回到第二城市来导演一部演出,那将是他在第二城市的最后一部作品。考虑到他的地位,戴尔可以自由地决定演出所有设计元素,包括聘用一对他认识的夫妇在舞台上创作壁画,作为场景设计的一部分。第一个暗示着我们有可能要陷入麻烦的迹象是这对夫妻每个人都戴了一个防护面具,他们在剧院的墙壁上进行喷涂时,那个没有戴面具的宝宝就在离墙壁十英尺不到的婴儿车里睡觉。第二个迹象是,当天晚上揭开壁画后,我们看到一面墙上画的是一头巨大的奶牛,另一面墙上则是一只蜘蛛,与演出的内容毫无关系。

看到了吗? 失败也没关系

尽管我们有过许多失败,我们的公司仍被认为获得了巨大的成功,它对娱乐世界做出了深远、积极的影响,愉悦了上百万人的生活,他们在我们的演出中欢笑,在我们的教室里学习。我们知道无需害怕失败,实际上,我们要拥抱失败。这也是为什么我们花许多时间去鼓励我们的客户克服对失败的恐惧——许多原本会成为创新者的人,就是被这种恐惧阻挡了前进的道路。

无论你靠什么谋生,你都会在某些时候失败。政治家会失败、学生辅导员会失败、销售员会失败、银行家会失败、踢定位球的球员会失败(有时候还会花掉我们许多钱)。事情是这样的,如果你擅长你所做的,你就会失败,因为擅长就意味着你在冒风险。经历过失败的人常常会证明，失败本身并不坏，能让人麻痹的是对失败的恐惧。这也是让那些没有那么成功的人夜不能寐的原因，恐惧让他们停止了战斗，阻止了他们向自己的公司和同事贡献全部的能量。恐惧让他们推掉困难的任务、拒绝升职、回避上司，也让他们在会议上缄口不言。恐惧会抽干公司的创新血液。但是，那些认为失败是创造过程中自然的一部分的公司，却能够看到生产效率、员工士气和创新能力的显著提升，因此经理们非常值得去思考如何创建一个能让团体不害怕释放自己的安全环境。告诉人们失败没有关系，然后挂一堆陈词滥调的海报，这些是不够的，你必须塑造"不畏惧"。

我们在本书中多次讨论过一个人不应该因恐惧而工作，以及恐惧如何通过各种不同的形式让成功泡汤。但是，最大的恐惧是对失败的恐惧。因此，公司应该如何塑造对失败的"不畏惧"呢？首先，雇主需要尝试为雇员创造低风险的机会，或者换句话说，尝试失败。承担风险这项活动不是每个人都热爱的，但是如果你希望你的员工去追求新的、不同的想法，那么他们就需要在每次尝试和失败的时候知道自己的工作没有处在危险中。稍微降低一些风险，然后看看会发生什么。

本部在芝加哥的大本营软件公司这一点就做得很好。大本营开发了一款非常受欢迎的同名项目管理软件，他们想要创造一个工作环境，在这个工作环境下，员工可以指出产品设计的缺陷，而且无需担心因此受到惩罚或者被人认为过于消极。因此，在一次全公司会议时，他们当着全体人员的面，模仿传统的喜剧名人吐槽会，创造了自己的"产品吐槽会"，寻找他们正在研发的产品的缺点。他们自己也承认，这非常有启发作用。团队成员觉得他们可以放心地指出问题和缺点，因为这个吐槽会为他们创造了一个安全的说话语境。见鬼，这就是雇主们所期待的。接着，就如当年的《迪恩·马丁名人吐槽会》（*Dean Martin*

Celebrity Roasts)①一样，每个人都有机会进行吐槽，不过在吐槽过程中，大本营员工可没有像迪恩·马丁（Dean Martin）那样抽烟、喝酒。尽管这些研发人员、设计人员和项目经理从来不曾想过他们研发的这款软件将会引导喜剧大师唐·里克斯（Don Rickles）或者福斯特·布鲁克斯（Foster Brooks），但是他们很感激这次产品吐槽会。这就像是一次讨论会，他们可以趣谈自己小范围的失败，也可以聚集大家的想法，创造出更完美的产品性能。作为大本营软件的满意用户以及通过喜剧改善企业的支持者，我们要举起马提尼酒杯，祝贺大本营大方向的正确。

除了为失败创造安全的空间，你还应该考虑创造平台来奖励跳出框架思考的人，正如第二城市提供了即兴表演平台一样。如果不存在这样一个平台，那么新的想法和新的声音就永远不会获得成功。

丢失重要试验平台的一个最著名的行业例子就是地面无线电。几年前，你能在夜间无线电台听到最年轻的 DJ 做的一些最有意思的节目。他们会介绍新的、异类的艺术家，广播的谈话内容也更加松散、前卫和即兴。但是随后自动内容出现了，广播行业也开始要求减少成本、货币化每一寸地产，于是原先的夜班就被音乐节目主持人预先录制好的内容和付费的促销购物节目所代替。没有了给有才华的年轻人试验的地方，地面无线电就失去了打造独特而有趣的新声音的平台，它的创作优势就比不过播客和卫星无线电，后两者都为创新性节目提供了风险相对较小的机会。当地面无线电还在寻找下一个霍华德·斯特恩（Howard Stern）时，播客界已经出现了另一个有趣的新声音。马克·马龙（Marc Maron）是一位努力的笑星，他最先在自己的车库里面试其

---

① 《迪恩·马丁名人吐槽会》是 NBC 制作的一档节目，从 1974 年到 1984 年由迪恩·马丁（Dean Martin）主持，在节目中迪恩·马丁会吐槽名人。——编者注

他喜剧演员。到 2013 年 12 月,他的播客《这他妈是些啥》(WTF)已经达到超过 100 万的下载量,他本人一开始在一些小型的喜剧俱乐部演出,每周有数千美元的收入,后来,马克·马龙在自己的电视节目中担任主演,还在 500 多座的剧院演出,每周收入达到两万多美元。知道这些,是因为我们曾经想预约他在我们的 UP 喜剧俱乐部(UP Comedy Club)做一周的节目,但是受到了马龙经纪人的拒绝。总而言之,如果一个公司希望有某个地方能让它才华横溢的员工进行新产品缺陷检测,那么它就需要有一个安全的小平台,在这个平台上员工可以试验——当然,这试验包括失败。

除此之外,管理者和员工都需要消除"失败是零和博弈"这种思想。失败总是有的,有时候甚至比我们希望的还要多,但是小小的失败通常是每日活动的一部分。改变你的想法,适应创造过程中出现的失败,这样,它才能成为你工作中积极的一部分,而不是一个坚固的障碍物。

噢,我们是怎样失败的

我们认为第二城市是"不畏惧"的完美典范。事实上,我们经常会以六种各具特色的方式失败,这对在任何行业工作的人都有指导意义。我们在本章的最后罗列了这些失败方式,但首先,我们为什么失败?

我们为了创造而失败

即兴创作就是在彼时彼刻无中创有。在第二城市,我们当着观众的面进行即兴创作。如果这是你谋生的职业,那么在一个拥挤的房间里向几百个观众呈现你粗糙的草稿,你基本上就能获得报酬。更加准确地说,让别人观看你如何将粗糙的草稿发展成精彩、出人意料、有趣的东西,你就能获得报酬。这是一件很值得看的事情。不过你得知道,它也有可能被发展得极度糟糕。

我们在创作一部第二城市时事讽刺剧的时候，几乎对能想到的每一点都要进行修改，所有这一切都是为了创作出最好的内容，在10～12周内创造出最好的演出。我们要修改角色、对话、场景顺序和配乐。做这些的时候，我们完全明白，为了达到长期的收获（一部时事讽刺剧能成功上演数个月），自己的这些修改可能会导致预演时观众短期的疼痛（甚至有时候整个演出都达不到预设的效果）。

在2010年第二城市时事讽刺剧《你生活中绝对最棒的时候》（*The Absolute Best Friggin' Time of Your Life*）排练和预演期间，女演员克里斯蒂娜·安东尼（Christina Anthony）和男演员汤姆·弗拉尼根（Tom Flanigan）要对一个白人护士和黑人医生起冲突的场景进行检测。这里有一个反串：女演员是一位非洲裔美国人，扮演的却是白人护士，而白人男演员扮演的医生却是非洲裔美国人。

很棒的主意，对吧？不幸的是，当这个场景搬上舞台时，很明显观众并没有搞懂我们想要表达的东西。演员们每次在夜间即兴表演环节上演这一幕时，他们得到的都是石头般的静默，以至于到第三次演出的时候，导演助理评论道："你们知道这本来应该是一个喜剧表演的。"

有时候，你需要累积一系列的失败才能获得最终的成功。在这个案例中，这两位演员意识到他们需要让观众笑得早一些，这样一来，舞台上演员的种族就变成了演出内容的次要部分。每次在舞台上演出这一个场景的时候，演员都会加入更多的笑点，直到他们感觉到自己已经赢得了观众。在第二城市近代最成功的时事讽刺剧中，那个"葡萄干"的场景是被讨论得最多的。

导演比利·邦戈罗（Billy Bungeroth）提到："创作这幕场景的有四个人——我自己、汤姆、克里斯蒂娜，还有观众。"当任何一个团队面临着创造新产品的任务时，你作为团队的一部分，记住这一点很重要：如果你能将顾客的反馈融入创作过程中，那么你就会创造出明显的优势。

大多数公司都在说他们要创新、要进步、要"挑战极限"，但是如果这意味着重新画图纸是家常便饭，那么就很少有公司愿意这么做了，而愿意付费邀请顾客来观看他们的产品是如何彻底失败的公司就更少了。大多数公司宁愿避开困难的东西，聚焦于那些以往行得通的途径上。当然，这种做法是可以理解的，公司不能一直冒险。但是，能够繁荣的公司都是那些能够接受至少对部分产品的破坏性创新的公司，从沃尔玛（Wal-Mart）到思科（Cisco），从 IBM 到拼趣网（Pinterest），这样的例子越来越多。尤其是那些拥有悠久历史的品牌，不栖息于过去的成功，而是着眼于寻找新方式来"做得更好"或"变得不一样"，这是维持长久生命力的关键。

一个故事，两次失败，一次巨大的成功

2012 年，歌剧明星蕾妮·弗莱明（Renee Fleming）在芝加哥参演了由第二城市等制作的《天空的极限：天气许可的话》（*Sky's the Limit: Weather Permitting*）。弗莱明小姐当时正作为抒情歌剧院的创意顾问停留在芝加哥。在她欣赏这个作品时，弗莱明听到了一个独特的声音：她自己的嗓音。才华横溢的音乐指导杰西·凯斯（Jesse Case）在这部时事讽刺剧中配了一段弗莱明小姐的录音。

演出结束后，弗莱明小姐找到了杰西。杰西担心她要起诉，但是相反，弗莱明却说："我有一个想法……"

几周后，来自第二城市的创意制作团队和来自芝加哥抒情歌剧院的团队同桌而坐，抒情歌剧院的团队包括蕾妮·弗莱明、亚历山德拉·戴和歌剧院总导演安东尼·弗洛伊德。这两个芝加哥代表性机构的团队正在就如何合作进行头脑风暴。

用"不可能"都无法描述这种情况：著名男女歌唱家对多个团体，3563 个座位对 300 个座位，无论从哪方面看都很奢华的艺术形式对以简洁和敏锐为核心的艺术形式。但是，蕾妮·弗莱明的远见和安东尼·弗洛伊德敏锐的天性加上第二城市愿意做任何尝试的绝对意愿，为一个歌剧影响下的喜剧夜晚打下了基础，这将是一个独一无二的演出，名字叫作"第二城市的歌剧指南"（*The Second City's Guide to Opera*）。这个演出将会呈现一切关于歌剧的原创场景和歌曲，从《尼伯龙根的指环》（*The Ring Cycle*）到大师讲习班再到一个音乐家孤独的晚年生活。

在这个案例中，我们只有一个晚上的演出机会——这也就意味着我们不得不进行许多个晚上的试错。

大约在演出首演的一个月前，我们在位于芝加哥吹笛巷（Piper's Alley）的全新的 UP 喜剧俱乐部进行了一次深夜即兴表演。我们告诉刚刚看完我们剧本表演的观众，他们可以再待一会儿，观看我们和抒情歌剧院合作的新节目内容。第二城市制作团队的成员和抒情歌剧院团队都在现场。演出结束后，我们问抒情歌剧院的公关总监亚历山德拉·戴当晚效果怎么样，她叙述了她同事德鲁·兰德梅塞（Drew Landmesser）回家路上的话："好吧，可能别的人会觉得这很有趣。"

这当然不是我们想要听到的，但是对第二城市这帮受过训练、能够从容面对失败的人来说，这只不过是前进路上的一个标志，意味着我们要重新创作一些全新的东西。我们觉得，内容失败有几个原因：当晚的观众不一定是歌剧迷；那会儿已经很晚了；有些内容还没有在舞台上发挥出效果。我们也知道大多数内容还不能算完全好，我们需要去掉一些，改写一些，继续改善和磨练作品。因此，我们并不慌张。

幸运的是，我们的抒情歌剧院合作伙伴乐于接受这个创作过程。歌剧院总导演安东尼·弗洛伊德曾在一次电视访谈上这样说过："当我们没有能力去冒险、没有自信去冒险的时候，艺术就开始死亡了。"我们都知道，若想让创作团队制作出让人折服的内容，为他们创建一个安全的工作环境十分重要。因此我们没有进行干涉，没有替换导演，也没有召开一个严肃的会议来罗列演出失败会造成的后果。我们只是承认了大家的理解，认为内容还没有完全准备好。因此，我们让演员、剧作家和导演一起去解决这个问题。

事情变得越来越紧张。蕾妮·弗莱明招聘了她的朋友帕特里克·斯图尔特(Patrick Stewart)加入制作。对，帕特里克·斯图尔特先生参演过《星际迷航》(*Star Trek*)和《X战警》(*X-Men*)，且不说他还演过无数个饱受称赞的戏剧角色，获得过许多戏剧界的最高荣誉。蕾妮·弗莱明和帕特里克·斯图尔特都在演出前一天抵达，排练那一小部分专门为他俩编写的场景。我们在私人演出、募捐活动和节日庆祝等场合与不同的客串明星演出过，与他们的排练时间常常是十分有限的，但是这一次的风险稍微高了一点。

让我们来为这两位传奇人物在市民歌剧院排演室的到来做好准备：演出票已经售罄，门票如此抢手以至于抒情歌剧院在正厅后排放置了折叠椅，这样就能容纳更多的观众。媒体对这场演出表现出了巨大的兴趣，我们做了电视宣传，在纸媒做了专访，博客圈内也讨论得热火朝天，大多数博主都奇怪为什么这样的合作能够产生。当晚的这两位明星只有不到24小时的时间来排练一部两幕时事讽刺歌舞剧，而它上一次的公开预演效果非常糟糕。

但是，在演出上演之前发生的两件事情给了我们双方一个希望，认为一切都可能会如常进行。第二城市的制作团队包括一群同时也为即兴莎士比亚公司(Improvised Shakespeare Company)工作的演员，这是一个极度有天赋的团队，他们能够对整部莎士比亚剧本进行诙谐有趣的即兴创作。因此，我们产生了一个念头，不知道帕特里克·斯图尔特在表演我们几周前寄给他的少量剧本场景之外,是否会同意和这个团队一起即兴创作。帕特里克先生坐在排演室时,该团队成员正在面试一个制作团队的助理,问了他一些日常工作和大致喜好的信息。得到这些信息后,他们即兴表演了 10 分钟,非常精彩。"所以你们刚刚是临场发挥吗?"帕特里克先生问道,随即又说,"你们太疯狂了。"于是他就同意了。所以这就是第一件事情。

第二件事情发生在辛苦的排练期间,那会儿距离演出开始只有几个小时了,我们正在排练闭幕曲。歌曲听起来棒极了,所有其他演员和蕾妮、帕特里克先生站成一排,唱着在歌剧世界生活的喜悦。蕾妮·弗莱明的媒体总监保罗·巴斯特尔(Paul Batsel)也在观看这场排演,他低声向凯利说:"他们刚刚演了一出《波西米亚人》(La Bohéme),那会儿他们能让天空下起雪。为什么不干脆豁出去呢?"这是一个很棒的想法。我们跑向比利·邦戈罗导演,他微笑了一下,然后对技术组说:"伙计们,我们能在最后这儿来点雪吗?"这在我们位于芝加哥威尔斯街的剧场里是永远不会发生的。

当闭幕歌曲响起时,人造的雪花飘洒在演员身上,观众起身鼓掌,那是我们经历过的最长、最响亮的掌声,至少从第二城市的角度来说是这样。我们相当肯定弗莱明女士和帕特里克·斯图尔特先生对此已习以为常。

约翰·冯·莱茵(John von Rhein)在《芝加哥论坛报》(Chicago Tribune)中发表文章,这样总结那个夜晚:"对《第二城市的歌剧指南》的第一个问题也是最显然的一个问题是:芝加哥这支闻名世界的喜剧团队和同样著名的抒情歌剧院之间看似不可能的合作发生了,围绕着它的是许多的期待,这次的演出够有趣吗?能够满足这些期待吗?这还用问!"

最重要的是,冯·莱恩补充道:"这个由凯特·詹姆斯(Kate

James)、蒂莫西·思妮芬（Timothy Sniffen）和音乐导演杰西·凯斯（Jesse Case）创作的剧本在 UP 喜剧俱乐部和别的地方进行了一系列的公开试演，剧本一直在反复修改。这个完善剧本的过程表明，捧腹大笑和说粗俗的脏话一样容易，这两者之间的相似性几乎不曾在这个庄严的舞台上得到过讨论。"

尽管不可能每一次工作都能够与世界级的男高音和悲剧大师合作，但是模式是相同的：在创作完全原创的作品时，总会出现许多失败，绝对要优先为这些会出现的失败做好准备，这样才不会使整个企业处于危险境地。

附属在失败上面的耻辱感太过于强烈，尤其是在商业界，因此很少有人会花时间去仔细检查失败的性质。但是如果你真的将导致失败的因素好好分类，你就能找到方法，让一部分的失败为最终的成功服务。

看一看你的公司：在你的行业里，哪些会导致失败？如果一个新产品的销售不好，那么在产品设计和市场营销设计中，有哪些步骤造成了该产品的滞销？对产品本身和产品的市场营销是否进行了充分的 β 因素测试①？如果更加积极地对产品挑刺或者尝试一些别的促销方案来吸引顾客购买你销售的产品，是否就能产生优势？

理解失败，你就拥有了让失败为你服务的工具。我们在这个领域有着许多经验，因此，我们总结了在经营过程中选择失败的六种方式，这些方式对你也会有用。

---

① 电脑产品商业化之前版本的测试。β 测试是测试的最后阶段，通常会涉及将产品发送到测试网站以外的公司进行实际接触或提供免费试用的产品在互联网上下载。之前的一轮测试称为 α 测试。——编者注

我们选择失败的六种方式

我们当众失败

没有人喜欢失败,就算失败,人们也更愿意悄悄地、不为人知地失败,而不是当着别人的面。研究已经多次表明,人在一生中最大的害怕之一就是公开演讲。公开演讲意味着自己会被评论,如果失败了那就是当众失败,可能他们一想到这个就感到恐慌。互联网的匿名特点使许多讨论都变成了在线性质的,任何人都可以自由发表自己的观点,甚至是尖刻的言辞。但是在真实的商业和生活中,我们很容易被识别,于是人们会花许多时间刻意让自己站在阴影里,他们害怕做出会引来别人细究的任何形式的公开贡献。这些人并不是缺乏想法、奉献精神或能力,他们只是害怕公众评价,尤其是说他们的想法不够好的评价,这种害怕控制和阻碍了他们。克服这种害怕非常重要,因为尽管避免失败是人类的自然本能,但是这无法帮助我们成长。一旦害怕失败,我们就不会去尝试,就不会知道自己实际可以非常成功,这种通过实践建立自信的机会就不会存在。

不管你相不相信,我们做到了。尽管我们一周七个晚上都要在舞台上无中创有,我们并不比其他人喜欢失败。我们刚刚学会了从一个合适的角度去看待失败,我们也知道了有当众失败的机会,就会有当众获得欢呼的机会。我们的关注点在这里,剧院外的人也可以做到。

那些不把当众失败作为毕生工作的人应该记住以下这一点,这或许能帮助他们去带头、去多尝试一点失败:非常奇怪,这个社会虽然很容易去评论别人、批判失败,但是它也愿意去嘉奖那些在经历了巨大失败后上马再来的人。无论是总统、运动员,还是流行文化明星,我们总喜欢把名人吹捧得很高,然后再将他们打倒,吹捧得越高越好。只有确认了这些公众人物与普通大众一样有缺点,我们才会愿意给总统一个连任的机会,给运动员第二次机会,让流行文化明星们上真人秀电视。私营部门可以从公众对救赎故事的迷恋中得到一丝线索,当失败得到揭秘后,那些原本只求稳妥的人就不再甘于稳妥,他们会开始输出自己的创造力。

我们一起失败

历史满载着关于孤独创造者的鼓舞人心的例子,他们与概率做着斗争,隐忍地面对着讥讽的批评,在所有的希望都破灭之后,他们才创造出精彩得难以想象的东西。我们爱天才,我们也同意近代伟大的广告人戴维·奥格尔维(David Ogilvy)曾经说的:"找遍每个城市的公园,你也找不到任何委员会的雕塑。"

但是在即兴表演和创作新内容的时候,我们完全信任第二城市的团体,原因就如第二章所阐述的:他们加快了创造过程,他们能产出更好的内容,他们很灵活,他们实际上可以推动个体明显成长……最重要的是,他们可以为创作提供一张安全的网,这张网允许每一个团队成员去冒险、去发光。

"始终照顾你的搭档",这是我们在第二城市极其认真对待的一个信条。它意味着我们要格外用心地去支持我们的团队成员,而不是对他们进行评价。它意味着我们要一起工作,无论是台上还是台下。在舞台上,它也意味着你不能把你的搭档一个人晾在那里——如果你能帮忙,就不要让他失败。在企业文化中,它意味着你需要支持你的员工,把他们看作一个整体而不是一些部件。做到这一点的公司可以拥有更加有效率的员工,也可以提高员工保留率。你的支持可以是提供员工发展培训、扩展或补充员工的某项具体技能,也可以是生日时的一个蛋糕，或成功时的一句当众认可。

对于员工来说，拥有同事的支持也同样重要。如果你在工作中获得了支持、信任和尊重，那么你就有了创造的平台。对在会议上乱说一通的同事施以援助；每天花10分钟走访其他部门的同事；当你搞砸的时候，说一声抱歉。这些都不是什么大动作，有时候这些小小的支持累积起来，就能在公司内部营造一种集体感。

如果你想要鼓励你的团体成员向不同的领域挺进，那么这正是你需要培养的氛围。

在我们的团体内部有这样一个传统：团队上台演出前几秒，每位成员都会很快地拥抱一下别的成员，并说一句"我支持你"。每场演出前他们都会这样做，这种语言和肢体的暗示再一次提醒着团队能够给予个人力量，反之亦然。在这样的环境中，人们愿意为了追求一些伟大的事情而去冒任何风险。

推特的执行总裁迪克·科斯特罗（Dick Costolo）在接受《彭博商业周刊》（*Bloomberg Business Week*）访问时，讨论了即兴表演团体和商业团体之间的相关性：

> 当我第一次去芝加哥参加即兴表演喜剧时，有一群来自常青藤学校（Ivy League Schools）的人，比如毕业于达特茅斯学院的蕾切尔·德拉彻。另一群人则来自中西部大学（Midwestern Universities），是克里斯·法利类型的，就像"我们将要在台上发誓，然后脱掉T恤"那种。两个团体之间有着奇妙的平衡，很好地混合了智慧的喜剧和低俗滑稽的闹剧。

这种混合正是你希望在公司里建立的。一方面，你有你的创新人员。这些既是离经叛道的人，也充满了想象力。他们说："我需要思考这个问题的自由,不管其他人是不是都在这些限制下工作,我得跳出这些限制。"他们趋向于全面地思考解决方案。另一方面,你还有平均成绩点为 4.0 的斯坦福大学(Stanford University)毕业生。他们遵守纪律,他们用数据来衡量自己和周围的每个人。你希望这两类人都能发挥出作用。

　　当你在思考业务或公司中那些需要大胆行动甚至冒些风险的最大挑战时,你是希望以团体的形式来寻找解决方案,还是更希望以一群个体的形式来解决问题?根据我们对第二城市的工作的观察以及与企业客户的合作经验,如果人们知道风险是由许多人一起承担的,那么他们更愿意全力付出。此外,他们也会认识到,自己想法的所谓"失败",其实只是些暂时的缺点,一旦和团队队友的想法相结合,这些缺点就能得到修复。我们有一个很好的例子,这个例子来自我们一位合作多年的很棒的客户——农夫保险公司(Farmers Insurance)。我们之所以这么尊重农夫保险公司,一个原因就是他们愿意在内部创建交流,进行员工培训的时候打破陈规。他们定期邀请我们协助制作喜剧培训视频,帮助他们的理赔代表提高客户服务水平。但是,我们的这位客户不只是草率地掷一下骰子,然后期待着最好的结果。我们一起开发的这个项目涉及上万人,风险很高。农夫保险公司知道,能最终让培训变得更加有趣、更加难忘、更加有效果的这个创新项目是有风险的,自己一旦承担了这份风险,那么就不得不同时投资周密的教学设计、获取内部顾客的全力支持。在第二城市和农夫保险合作的主要产品获得通过前,我们努力在创意头脑风暴和思维构造期间赢得所有关键人物的支持。这远远超出了正常的企业批准流程,按照正常的流程,你只需要管好自己的事,承担最小的风险,就可以获得通过。我们与农夫保险公司的股东的合作是真正意义上的团体建造,我们要关注的是已给的这个项目中可能会出现什么,我们所研究和制定的创新项目涉及几十个人。

最后的结果是，我们开发的项目经常性地在培训行业获奖，它提高了顾客满意度，也让一群理赔代表们高兴，因为他们不必忍受无趣的培训，那种培训在保险行业非常典型和普遍。事实上，较之培训室，我们的产品更加适合电视，而我们能够跳出框框限制的原因是我们有一个紧密的团体，这个团体行动一致、追求卓越。

当然，在公司内实施这种团队合作时，你也希望能够避免群体思考的危险——人们在寻求一致的时候，想法常常会弱智化。我们当然不是在宣扬这个。在第二城市，团队内部出现不同意见时，我们会由导演来做最后的决策；公司或分支部门也一样需要一个最终的决策者来保证最好的想法得到保留。团体是一个创造想法的地方，这里会出现新的、没有经过试验的方法，待这些方法发展到一定程度时，就必须做出决策。

我们快速地失败

速度是我们这个游戏中重要的一部分。即兴表演者通常极度机智灵敏，能够迅速做出反应，对变化的环境或情况无缝适应。优秀的即兴表演者和路人的区别就在于，前者有着敏锐的倾听能力，还能够机智又诙谐地做出反应。

我们对速度的需求也保证了当不可避免的失败发生时，我们可以快速地转向下一个新想法，而不是过于强调前者的错误。我们知道之后会有时间对失败的地方进行细致的讨论，然而在彼时彼刻，我们不能让失败打乱我们的节奏，因为演出尚未结束。从这个角度来说，幽默是很好的均衡器。在一个即兴表演场景里，某幕失败的时候，台上的演员可以说"好吧，它发生了"，这样，演员和观众就能对失败的东西一笑而过，快速进入下一幕。用一个快速的玩笑承认失败，失败的影响力就会被立刻消除。

在工作场合也可以这样做。有时候它非常简单自然,就如同在劳累的一天结束后邀请每个人出去喝一杯吐吐槽、释放一下压力,有时候它也需要更加细致的计划和安排。汤姆曾经在奥美广告公司(Ogilvy & Mather)上班,在连续多年的公司年会上,他和一个同事都会为"危及职业的行为"表演颁发模仿奖。实际上,这些行为并不会危及职业,但是共同观看公司本年度的错误和灾难"轶事卷"对许多人来说是一种宣泄。最近,我们遇到了一个客户,他在用相机录制视频邀请信息时遭了不少罪。他尝试了一次又一次,每次的录制都很糟糕,每次失败后,他的血压就开始升高,镜头外的词汇越来越粗俗。他杰出的视频录制团队看到了一个可以将自己老板的糗态制作成片的机会,于是齐心协力地剪辑了一段老板不断搞砸、对着相机恼羞成怒的影片,内容十分精彩。他们把这段片子放在公司休息室播放,和同事以及不知情的老板一起观看。没有人因为制作这个片子被开除,每个人都笑得直不起腰,因为他们的执行总裁创造了一种工作氛围,在这种氛围里人们可以接受并调侃那些人人都会经历的日常失败。

让我们阐明一点:我们不是建议任何失败都应该得到庆祝,因为有些时候,失败会产生巨大的后果,对公司、员工和顾客造成实际的伤害。我们要说的是,在任何工作环境下,不完美的人——也就是指每一个人——都会搞砸事情,如果你能对自己的不完美持一种开放、健康的心态,那么你就能得到更高的士气、更投入的员工,你的公司也会更愿意去追求卓越,而不是畏畏缩缩、害怕犯错误。对小错误和好意的犯错一笑置之,可以帮助创建一种高效能文化,在这样的文化下我们所追求的那种卓越就有了可能。

我们在与商业团队的合作过程中,见到过太多的事后诸葛亮,也见到过太多在团队构思、解决问题过程中的杞人忧天。如果都等到事情发生后才开始讨论当时应该怎么做,那么解决方案可就好做多了。我们不是在提倡放弃批判性分析或者果断的决策,只不过正如选择说"是"或者"不"是有时间和地点要求的,自由交换想法也需要合适的时间和地点,这样你就无需为了衡量对方的想法是好是坏而倍感负担。如果你能够创造一个允许新想法绽放哪怕几分钟的环境,你也许就可以发现一个很棒的观点,只需要给这个观点一点点时间,它就能完全成型。再不济,你至少能为你公司里的创意人才创造机会,让他们可以自由交换自己的想法,不必遭受严厉的评判。

除了我们即兴表演领域,各种各样别的行业也有快速的失败,尤其是那些一直寻求创造和再创造的公司。

杰里米·杰克逊(Jeremy Jackson)是一家叫作"方法"的技术公司的带领技术员。在为一个设计公司博客(这个博客专门探讨设计、创新和商业)写的一篇文章中,他写道:"快速原型法是一个快速建立界面路径主要特性的过程。原型法的一个最大优势是,它能用最简易的方式将你的想法呈现在潜在的终端用户和关键的客户股东面前。让想法走出设计师的脑袋,变成一种可展示的形式,这可以有效地消除初始的缺陷和不适当的设计假定。"

在最前沿的饭店里,产品(食物)和过程(呈现)被不断地解构、重新解读、重新塑造。烹饪专家马修·罗宾逊(Matthew Robinson)说过,"在厨房里,如果我们要失败,我们一定快速地失败,这对保持创新的势头十分重要,能让我们继续向前进"。

总而言之,成功地快速失败的要点是允许你的公司和员工在创造新东西的同时暂停评判。

我们不评判失败

这很关键。如果人们认为同事或者上司在盯着自己,那就没有人能够自在地去失败——或者反过来说,自在地去冒险。我们已经讨论过如何鼓励团队建设零评判区域。但是,我们还有一条建议要送给所有的老板或经理:退到一旁。只有存在于零评判区域的失败才能成功得到利用。

在第二城市,一旦演员和导演开始选角色、进入排练,除非受到邀请,否则没有人会进入排演室。制作人必须先得到导演同意,才能在某个晚上进入排演室观看预演。导演全权控制工作,制作人必须相信在合适的时候,他或她自然能够看到排演成果。

如果上司过早地干涉创作过程,那么这个过程就会发生变化。团队成员会紧张,他们想要愉悦上司,他们希望自己看起来很优秀。上司和经理需要知道,他们进入房间后,房间里的动态就会变化。如果他们说话了,他们就会改变整个创作过程。老板的意见很重要,老板有着最终的评判权。因此,老板们需要知道什么时候应该退到一旁,放手让自己的员工做事情。

你会惊讶于一场即兴演出的排演过程,演员和导演为了某一个单词的时间安排绞尽脑汁,不是摇头就是皱眉。当作品到达最后阶段时,我们的导演和制作人一丝不苟,力求精确。但是,当创意还在酝酿时——就如我们在创作过程中的时候,过早的评判只会让个体从快速的共同创造者变为快速的否定者,创作团队也会崩溃。

正如第一章所讨论的,优秀的经理人知道什么时候要亲自动手,什么时候该消失;什么时候要指导,什么时候该聆听;什么时候要评判,什么时候该观察;什么时候要控制局面,什么时候要退一步让别人来带领;以及什么时候要说"是的,而且"。他们知道把握好这些才是真正的实力,不要让失败受到评判的困扰,只有这样,失败才能使人们靠近伟大的创新。

我们带着信心失败

第二城市做得不好的事情要比做得好的事情多得多。例如,长期战略规划从来不是我们的强项,如果有人能告诉我们如何在产品营销上赚些正儿八经的钱,我们也许就能给你一份工作。我是说真的,明天把你的简历发给凯利。但是,那些我们做得好的事情,我们就会做得尤其好。我们一直被称作喜剧界的哈佛(实际上我们觉得哈佛就是第二城市高级教育学院),我们的校友名单是真正的喜剧和娱乐界的名人录。从商业成功与社会口碑的角度,我们可以说是美国最成功的剧院。而我们能够取得现有的声誉和成功,靠的是冒险以及超越普通艺术组织舒适区的自我发展。

当我们搞砸的时候(你知道这经常发生),我们能够迅速恢复,因为我们有着不可动摇的自信,自信我们的方式、才华和经验能够带领我们成功。我们非常努力地经营着我们的血统,结果就是我们的团体成员每次遇到创造性挑战,都会相信自己最终能够成功。他们乐于失败,因为他们见证过失败可以导向成功。

通常在我们接手一个客户并开始了解客户的公司时,我们会先介绍一下自己,再问一些关于他们公司的问题,以此来真正了解他们是一个怎样的公司,以便我们对这个公司量身制作方案。在这些情况下,我们不会问一些具体细节性问题,我们会探索这个公司的文化,问一些诸如以下的问题:

- 贵公司的文化属于自信的文化吗? 如果是的话,你们的自信源自哪里?

- 如果贵公司需要创新,那你们会利用哪些途径?

- 贵公司有大家都支持和信任的创造创新文化吗?

- 贵公司曾经经历过一些存在性威胁吗? 还是相对而言一直都算

一帆风顺?

得到这些问题的答案能帮助我们推断这家公司对风险和失败的态度,也能让我们更好地估计自己可以运用哪些第二城市的失败教训来帮助他们。

我们渐进性地失败

记住那条即兴创作格言:"带一块砖,而不是一座教堂。"这句格言说明,最好的即兴创作者不会强迫自己为即兴表演场景带来完整的、成型的想法。相反,他们知道只要团体合作,就能最终创造出整幕剧情,因此个体的责任只是贡献下一个想法或者信息来推动整个场景。正是因为这一点,没有演员会背负创作的压力,因为即兴表演场景是一次一块砖这样建立起来的,没有哪个想法是最关键的,即使在场景建立过程中,个体的某些想法不准确或者不有趣,整个场景也可以发展得非常棒。事实上,无论是好的想法还是看起来糟糕的想法,一个最优秀的场景都能充分地加以利用。

在工作和生活中,人们如果不把自己的想法看成等待评判的完整思想,而是将它看作一座桥梁,通过这座桥梁可以得到更优秀的想法,或者把它当作轮子润滑剂,能够促进他人的贡献,那么他们就可以自在许多。如果人们通过这种方式减轻了身上的负担,他们就会认识到,失败的唯一原因就是在一开始保留自己的想法。

这是一个反直觉的道理,大多数员工都没有领悟:他们的想法之所以是关键的,不是因为想法本身很杰出、很完整,而是这些想法能够带出别人的想法,形成交流。

通常,人们都会假定每个想法都是高风险想法,而实际上并非如此。他们认为犯错的代价太高了,或者为了不让这个想法伤害或拖团队后腿，他们将其隐藏。这种宁愿稳妥也不要后悔的方式常常不是下意识的，而是经验导致的。所以，公司首先需要打破这种惯例，向人们展示冒险可以带来积极的结果。

笑对失败，因为我们正是带着笑失败的

到了最后，我们面对失败已经形成了一种相当健康的态度，因为它已经成了我们创作过程和销售产品中固有的一部分。在我们的工作中（在你们的工作中也一样），不完美比完美更有意思，当然，它也更加有趣。

我们认为不存在一个神奇的公式可以教会公司怎样很好地失败。面对失败，有些人和有些公司总是更能泰然处之。然而，我们的确知道，与许多其他艺术组织和企业客户相比，我们的这种方式提高了我们的工作速度，推动着我们去冒更多的风险，也让我们能够更敏捷地做出反应，在工作中享受到更多的乐趣。我们认为，我们的方式让我们能更好地适应当下这个快速变化的商业气候。我们目前的成功，有很大一部分要归功于许多以往的失败和积极的肯干精神，这种精神来自对创新的追求，而不是追求创造过程中的一步到位。尽早地失败、经常地失败，这样你就有更大的机会实现最终目标——一个完美的成品。正如温斯顿·丘吉尔（Winston Churchill）曾经说的："成功只是片刻，失败也不致命，只有继续前行的勇气才最可贵。"

第 7 章

跟随追随者

Y_{ES}, A_{ND}

即兴表演喜剧遇上彼得·德鲁克（Peter Drucker）。

第二城市的一大失败就是试图为犹太观众量身制作《犹太音乐剧》（*Jewsical the Musical*）。这部讽刺作品在好几个犹太社区中心进行过演出，却从未展现出它的创造力或者商业性。但是，在这部剧的创作初始，我们与芝加哥斯珀特斯犹太研究学院的执行总裁哈尔·刘易斯（Hal Lewis）进行过讨论。当时我们希望启动犹太音乐剧，我们讨论了在该学院进行首演并提供即兴表演课程的想法。在观看了我们的一个表演课后，哈尔指出："我看到你们有部分教学方法与德鲁克关于现代社会领导力的理论是完全一致的。"我们再进一步看时，发现他是对的。

哈尔所说的德鲁克当然就是彼得·德鲁克，他出生在奥地利，是一位管理顾问和作家，他用一种全新的方式来看待公司的结构。德鲁克相信，信息时代要求公司用一种更加扁平化的结构来代替等级结构，这种扁平化结构的中心是"知识工人"。他认为，公司应当将员工当作资产，而不是负债。德鲁克把关注点放在顾客上，没有顾客就没有业务。他觉得工人对自身的工作环境要有更大的控制权，并且支持团队在公司内部以独立的方式开展工作。

即兴表演有许多与之相应的东西。

1. 第二城市最大的资产就是它的人才。

2. 我们给予我们的表演者和导演独立的空间以及对创作过程的全部掌控权,直至他们准备向我们寻求反馈和帮助。

3. 我们表演者的工作与顾客——在这里也就是我们的观众——直接相关,顾客积极地参与作品创作。

如果你在公司内部实施团队第一的方针,其实你就是在挑战企业界对于领导力的理解。正如德鲁克所说的,"领导力不是一种有吸引力的品性,也不是能说会道。它不是'交交朋友、影响别人',这只是一种奉承。领导力是把一个人的视野提升到更高的层次,把一个人的表现提高到更高的标准,它是在常规限制之外的品格塑造"。你可能拥有更大的办公室,门上贴着更高的头衔,但是你仍然只是一个大的有机体中的一部分。

德鲁克在 1973 年提出了这些观点,但是那时的第二城市早已知道团体的力量和团队内个体的角色,也清楚陈旧的等级体制必将让位于新的管理和领导模式。

接下来那一年,德鲁克写道:

> 在我看来,那些工作最有效的领导从来不说"我"。这不是因为他们训练自己不说"我",而是因为他们不会想到"我"。他们想的是"我们",是"团队"。他们明白自己的工作就是让团队运作。他们接受责任,不会回避,"我们"发挥了效果。就是这个创建了信任,也就是这个使你能够完成任务。

同样,德鲁克所谓的新企业模式,即兴表演者早就已经知道了。德鲁克是对的,优秀的领导者知道在团队中不存在"我"。但是,我们并不同意那些有效的领导者没有努力地进行训练，让这个代词从自己的嘴巴上消失。他们也许训练过，这不是一件容易的事情。即使是作为第二城市领导力的我们，职业生涯中的很大一部分内容都是尝试将"我"从常用的工作词汇中除去。这需要训练和练习。

要做到德鲁克的优秀领导力法则——信任团体、同步工作、把"我"从团队中除去，一个很棒的方法就是开展即兴创造表演之母维奥拉·斯柏林创作的一个练习，名字叫作"跟随追随者"。

它是这样的：一组人围坐成一个圈，相互面对着对方。在协调人的暗示下，每个人开始发出声音或者做动作。但同时，每个人也要模仿别人的声音和动作。没有人带领，也没有人跟随，组里的每个人都不断地转移注意力观看别的小组成员在做什么。如果一个人决定摇头，那么整个小组都会摇头。但是，如果这个练习做得好，那么外人将无法辨别谁是最开始的那个摇头人。整个小组仿佛心灵相通，有着鱼群般的准确性和瞬时性，能够预见最细微的方向变化。领头人和追随者在不断变化。

这个练习要求强烈的关注度和倾听力。参与者必须时刻注意，不仅要精确地知道对面的人在做什么，还要知道那些可能刚好处于他们视线之外的人在做什么。有时候的练习结果是一片混乱，有时候小组模仿得非常好，每个人都变成一个流畅工作的有机体。通常，这个小组会形成一种和谐的动作和声音，就像一架机器、一个波浪或者一场暴风。即使我们悄悄退出，不再给出提示，我们的组员通常也能够形成某种秩序和形式。

"跟随追随者"练习是对变化动态的具体体现，这种变化动态已经出现在办公室里、大市场上。变化是常态。成功的领导者十分清楚这一点，他们的责任就是预测这些变化。但是，没有很酷的矩阵式慢动作弯曲扭动能力，你如何能预测各种各样的移动目标呢？当代的领导者似乎有着最优秀的即兴表演者所拥有的品质:熟知交战规则,在必要的时候能够及时舍弃这些规则,对商业世界的各种外力做出本能的适时反应。

让到一边

很少有公司配有《老板工作手册》,至少我们从来没有。但是,我们的确有幸从前辈那里得到了一些相当好的建议。安德鲁·亚历山大给了我们很多简洁而有价值的领导力建议,其中一条就是我们应当创建一个可以让人们专心做自己事情的环境,尽我们所能聘用最优秀、最互补的人员,然后让他们做自己的工作,不加以干涉,不去分散他们的注意力。

事实上,他的原话是:"造一个合适的沙箱,雇上合适的人,让别的东西统统让道。"

不管怎样,我们认真听取了他的建议,这条建议对我们非常有用。

在第二城市,排演的时候老板不会出现。在得到导演的同意后,负责现场制作监督的制作人才会去观看表演。正如我们在前一章所说的,演职人员和导演在工作的时候,可以不用受外界目光的干扰,也不会有任何不直接参与实际工作的人在一旁实时评判。别的机构的创作过程也当如此。团队在得到任务制定新的企划书或者讨论新的广告方案时,领导者和经理应当设定参数,然后离开。不过,这些参数很重要。大多数公司对开发时间是有限制的,建立每个人都觉得可行的时间轴和计划表;保证团队拥有所有完成任务所需的资源;在团队需要的时候,的确要抽出时间进行察看,确保团队知道他们有外部的支持,但不要每天都去打扰。

因为当你需要做一些原创性、创造性的东西时,每个人都需要一些自由思考的时间,没有老板在一边盯着。过早得到外界的反馈或评判,会改变团队的创造动态,通常不会向好的方面演变。创造的旗帜不再飞扬,引领人们的不再是自己那各式各样的创意念头,相反,他们会开始担心自己对经理的反应是否合适,或者试着预估老板真正想要什么。管理者和监督者自有合适的时机介入这个过程,发挥他们的作用。就我们而言,演出的导演会让制作人知道哪个晚上他或她可以到现场对还在发展中的表演做出评论。制作人从来不会突然到访,这给了导演一定的自由度,他可以不用担心别人的评判,去冒险或者尝试新的内容。例如,导演可能决定故意尝试肯定要失败的内容,因为某个演员竭力要求尝试,不愿意这个内容被剪掉。但是,当演员得到机会亲自见证这个内容在观众面前失败,他们通常就会释然,然后客观地认识到它的确需要剪掉。允许这种差强人意的内容上台,导演就可以避免扮黑脸。通过这种方法,演员就会知道自己的想法得到了认真对待,这样一来,导演就可以维持团体的士气和完整;如果那个没用的内容恰好奏效了,那导演也至少可以保证不会留下怨恨或疑虑。但是,这样的一个夜晚依旧不适合让制作人看到。

导演的工作就是在制作出一流内容的同时,保证团体成员之间的和睦。当一些演员自信十足,而另一些演员失落受伤时,排演室里的动态就会不断发生变化。这两种角色在任何时候都有可能颠倒,只有夜以继日地在那里排演的人才能真正明白整体动态的变化情况。这种局面很难处理,但是第二城市这些有天赋的导演能够娴熟地监测到个体和整个团队的需求。

"跟随追随者"对领导者和被领导者一视同仁,它是对"非黑即白""不听我的就离开"这种普遍生活方式的平衡。我们对绝对主义有着自然的倾向,媒体向我们传达政治的方式、社交媒体先评判再问问题的方式都在越来越强化着这种绝对主义。事实是,如果你愿意看看这个真实的世界,你就会发现许多灰色地带。如果说即兴表演能够帮助你对变化做出实时的反应,那么"跟随追随者"就会要求你实时地考虑别人的观点。

假如你认为第二城市能够免疫所有在严格的等级制度下做出的糟糕决策,那么请再想一想。我们的招聘和解雇都太草率,我们启动的许多演出和产品系列永远没有成功的机会,我们一次又一次地犯着同样的错误——这就是愚蠢的定义。

但是我们也认识到这些糟糕的决策有一个共同的根基:它们都是在隔绝状态下产生的,但愿我们从错误中吸取了教训。近来,我们在考虑更改第二城市的排座和售票方式。这个系统在过去十来年几乎没有发生过任何改变,因此我们在想是否可以通过即兴表演的方式来找到更改的方法。

长久以来,第二城市的票都只有两个价格——周末的价格稍微高一点,但是座位统一都是普通座。理论上,你到的越早,你的座位就越好。但是在某个地方工作时间过长带来的一个坏处就是你接受了那个地方长久以来的工作方式,而这种工作方式随着时间的推移可能变得不再正确,而你因为待在那里太久了,却看不到这种变化。在我们这个案例中,我们觉得自己采取的是一个完全民主的娱乐场所——每个人支付同样的价格(虽然周末价格会高一点),每个人只要到得早就能选到好座位。但是情况已经改变。首先,我们不再只是两个价格。在过去这几年,我们积累了许多计价方式,不同的客户可能就同一张票支付不同的价格:团体票、学生票、打折票、最后一分钟的半价票、赠票,我们还引进了豪华座席(就是少量你可以提前预订的最佳座位),一个晚上有 11 种不同的价格。以前我们只有一个票价,而我们一直在这样一个不正确的方式下做决策,意识到这一点对于我们来说至少是一大发现。但是接下来发生的事情,的的确确是一个打击。

　　我们和芝加哥哥伦比亚学院有着历史长久又复杂多变的关系。谢尔顿·帕汀金目前仍旧是第二城市的艺术顾问,同时他也连续多年担任哥伦比亚学院戏剧系的系主任;安德鲁·亚历山大是董事会主席,我们还与哥伦比亚学院在喜剧研究项目有着合作关系。我们与这所学院经常交流信息,这也就是为什么在我们开会讨论票价和剧场座位后的一个小时左右,菲利普·拉文(Philippe Ravanas)就来到了凯利的办公室。菲利普是一个法国人,他先前是一位艺术管理专家,在欧洲迪士尼(Euro Disney)和克里斯蒂拍卖行(Christie's auction house)担任执行总监,随后来到芝加哥,担任哥伦比亚学院商业及创业系的主任。菲利普和他的同事乔·波格丹(Joe Bogdan)正在为一本艺术杂志写一个关于第二城市的案例研究。在谈话过程中,凯利和菲利普说了我们刚刚进行的讨论,巧合的是,菲利普最近刚好对另外一家芝加哥剧院做了关于同一个话题的整套案例分析。他同意观察一下我们的座位,和工作人员谈谈,然后告诉我们他的意见。

　　要为第二城市的座席文化提供一些参照,你只需要知道当凯利被训练成剧场引导员(为观众安排座位的人)的时候,他的导师是当时剧场资深的引导员,因为服务顾客的独特方式而赢得了"电锯"的绰号。可以非常公平地说,第二城市的顾客服务就是从那时候开始有了很大的提高。工作人员很棒,既友好又周到,经理们也会非常努力地为观众呈现一个精彩夜晚。就此,我们所有人一直围绕着这样的信念:我们工作的这个剧院是"先到者先服务",我们的观众一半是蓝领一半是白领,任何人到这个剧院来的首要原因是看演出(第二城市的品牌是如此强势)。菲利普仅进行了几个小时客观的观察,就向我们表示,我们对于公司运营情况的一些基本假定是错误的。

　　"先到先得"的座席安排? 民主的观众座席安排? 情况并非如此。第一,我们的许多顾客都是提前预订座位的,比如朋友、生意伙伴或者媒体。第二,我们提前安排好团体座位,每个团体都会坐在不同的区域,这样可以防止某个区域被团体票观众坐满。第三,我们的经理会告诉主持人怎样利用他们多年来学到的各种度量指标安排个体观众的座位。例如让个子高的或者体型大的人坐在同一个区域,这样他们以及坐在他们身边的人都会感到舒适;如果某个顾客进门时很是喧闹,经理就会让他们坐在离舞台稍远的位子,这样我们就能在演出过程中走到他们边上让他们保持安静,同时又不打扰到别的观众;军人或者军人家属总是能得到很好的座位。

虽然我们管理层非常清楚这些做法,但是做法从来没有改变过,也从来没有人领会到我们的做法明显不像所说的那样民主。这是一个典型的管理者与员工断层的案例,我们的剧场工作人员知道排位方法不民主,我们却从来没想到去问问他们。

那么我们常提到的蓝领观众呢?菲利普笑了起来:"你们剧院可处在这个国家最富有的城市之一。"不是说蓝领工人不到第二城市来,而是绝大多数人都不会在衣帽间里吃午饭便当。剧场的观众都是商人、教育家和学生,坐落于现代化大都市的剧院都会有的典型观众。的确,相对于传统剧院里的观众,第二城市的观众要年轻许多,但是它并不会因此而有更多的蓝领顾客。

真正让我们惊讶的还在后头。菲利普问我们:"你们觉得人们为什么要到第二城市来?"我们不假思索且十分肯定地回答说:"来看当晚的演出。"答案看起来是如此毫无疑问,但是菲利普在观看演出的当晚做了一个非正式调查,他问了观众同样的问题,以下是那些观众的回答:

"今晚是我的第一次约会。"

"我们在庆祝周年纪念日。"

"今天是我的生日。"

"公司给我们买的票，奖励我们完成了一大笔交易。"

"有朋友从别的地方来，我带他来看。"

"我们在一个无声拍卖会上赢到的票。"

没有一个人的第一反应是，"我们到这儿来是为了'观看演出'"。每个受调查的观众都是因为某件事情或者某种关系才会在那个夜晚来到第二城市。

对于一个每晚都在不断和观众即兴交流的公司来说，这是一个让人清醒的发现，我们意识到自己在限制交流，并没有一直对观众提出合适的问题。

如果你的工作采取了"跟随追随者"的方式，你就能避免这些过失。你和你的员工交谈，和你的经理交谈，和你的观众交谈，因为交谈总是在发生变化，所以你不会停止说话。

我们吸取了这个教训。

经理犯了错误之后，一定要把错误记下来，这很重要。在写这本书的时候，我们无数次地相互说道："要是我们能够经常听听自己的意见该多好。"完美不仅是不太可能的，也几乎是无法达到的。即兴表演清楚这一点，但它也不会因此放弃自己力求优秀的心。我们不相信一本书会拥有全部的真理，一个人可以通过各种各样有趣又值得的方式来达到目标。但是我们对即兴表演的一个信条是，它不仅仅关于接受自己的不完美，还能为创作途中所犯的错误提供药方，帮助我们正确地做好工作。

"跟随追随者"动态在我们公司兴起后，我们还吸取了许多别的剧场教训，尤其是老板在创造过程中如何与员工互动的例子。

保持团队的整体性是绝对必要的，这也是为什么除非团体特别要求，否则第二城市的制作人只和导演交流自己的评论，而不是整个团队。这样一来,导演就能以他们认为对当时的团队成员最有益的方式来过滤制作人的评论,然后再转述给团队。

在排演 2011 年影响深远的讽刺滑稽剧《天堂的南边》(*Southside of Heaven*)时,导演比利·邦戈罗邀请制作人前去观看预演,但是他提醒道:"你可能不会喜欢这部剧的开头,但是我需要你让我继续演出尝试,让它成功。"的确,演出刚开始,房间就全部断电了。当然,这次断电是计划好的。它并不有趣,也没有深意,与演出的主题也无关联,它还让现场有一瞬间的尴尬,浇灭了演出刚起的势头。但是导演有一个计划,他想要看看这能不能奏效,在这之前,他不会喊停。没有了电,现场很糟糕。即使是在黑暗中,你也能看到房间里每个人脸上的担忧。剧场工作人员很担忧,因为观众很困惑;营销主管很担忧,因为这让我们看起来很无能。我们不确定演员们是怎样的感受,但是一些人可能就此证实了自己的怀疑。

最终,这场假的停电给演出带来了一种失衡的震撼,而这正是导演所寻找的,它以一种不可思议的技术结束,创造了现代第二城市舞台上最天才的一部剧。你看,当房间内看起来断电的时候,演员蒂姆·罗宾逊(Tim Robinson)在舞台上与观众互动,用舞台经理工作用的唯一麦克风问观众他们感到害怕或者不舒适的事情有哪些。没人知道的是,每一段交流都被录了下来,音乐总监朱莉·尼科尔斯(Julie Nichols)再将这些交流数字化,加入一段预先录制好的混音中。几分钟后,电源"修复"好了,观众开始听到自己的回答,这些回答以演出的配乐形式出现。比利和团队成员做完技术交流后,观众意识到整个事件都是计划好的,于是一开始断电带来的尴尬终于有了成效。

《天堂的南边》能够成为现代舞台上的一部优秀演出,很大程度上是因为人们愿意"跟随追随者"。在这个演出的创作过程中我们进行了大量的试验,如果没有团队对导演的信任、导演对团队的信任、制作人对导演的信任,最重要的是观众对整个公司的信任,那么这部剧永远不可能达到后来的高度。

阐述"跟随追随者"如何起作用的另一个例子出现在第二幕结束的时候。那个时候,演员蒂姆·梅森(Tim Mason)创造了许多互动环节,让观众积极地参与了这个还处在创作修改的喜剧。他写的这个场景机智地回应了技术如何让我们建立起实时联系,如何改变了我们对隐私的看法。除此之外,这个例子也极好地表明通过认真聆听和关注团队动态,领导者可以将他所看见的反映给团队,给团队一个机会客观衡量自己的举动或行为。

在这个场景中,蒂姆扮演了一个极其让人毛骨悚然的交通安全局特工。场景一开始,他坐在办公椅上在舞台滑来滑去,斥责观众,仿佛他们是在机场排队等待安检的乘客。这个角色声称:"是的,没错,你们每次坐飞机的时候,我们都会拍一张你们的裸照。这是为了你们的安全,这是在保护你们,这也让我觉得很劲爆。现在你们可能会觉得有些害怕,你可能认为这有些毛骨悚然,但你猜怎么着,这个世界现在就是这么恐怖。虽然我今天很想看你们每个人在上飞机前光着身体,但是我没有时间。不过没关系,我只要看一眼那个人,就可以知道所有我需要知道的东西。"

接着,蒂姆挑选了前排的一桌观众,猜测这桌观众来自哪里、职业是什么,不过猜错了。然后他选了另外一桌观众,猜测他们的姓名,这次猜得很接近,首字母是相同的。当蒂姆来到第三桌时,他不仅猜对了他们的名字和职业,还回忆起他们各种各样的信息:照片、录音、作品。到现在蒂姆有时候还能细节化地叙述出当晚这些观众在第二城市的种种反应。他的信息100%准确,这让整个房间的观众处在了一种极度兴奋的状态中,这个演出每晚都会进行。

他是怎么做到的呢? 在演出前,我们会确认当晚演出时坐在前排的每一位观众。接着,快速地对这些人进行谷歌搜索,我们基本上为每个人都建了卷档案。这真是要感谢脸书。

摘自《天堂的南边》的这两个例子向我们提供了两个角度来看待"跟随追随者"。作为一家公司,第二城市需要信任它的创作团队,给他们试验的空间。记住我们的格言:有时候成为一名优秀的老板意味着退到一边。其次,在两个案例中,团队创作的内容只有与观众形成动态交流后才会有效。这些内容之所以成功,是因为我们的观众加入了演出。可能不是一开始就加入,但最终是加入了。

你与观众交流得越多,或者用你所能的方式了解他们越多,你能学到的就越多。蒂姆简单地在互联网上收集信息,然后说出了那些不知情观众的个人信息,之后,他又滑着办公椅来到坐在舞台左侧的观众面前,告诉了他们一些更加私人的细节:他说出了他们的名字,还知道他们午饭吃了什么——蒂姆知道这些信息,是因为他在演出开始前就与他们坐在一起。当蒂姆摘下眼镜,脱掉小熊队的帽子后,这些观众才意识到他就是那个开场前在他们后面坐了 20 分钟的人。他们不知道的是,蒂姆用苹果手机记录下了他们所说的每一件事情。

我们邀请蒂姆分享他在第二城市出演《天堂的南边》时最喜欢的回忆:

- 有一个女人是一个"微编工"。这是她的工作,她为包括电影在内的各种不同项目编织微型毛衣。我找到了一段电影《鬼妈妈》(Coraline)(她在里面有出现)的幕后纪录片。于是,朱莉现场播放了那段音频,她在音频里解释了自己为什么那么爱这个工作。这真是一个奇特的职业,我会永远记得。

- 有几次我会找到不同州的人光着身子或者穿着泳衣的照片。我会在后台把那些照片打印出来然后挂起来,因为这一幕剧的全部要点就是你在互联网上已经毫无遮掩了,以此来解释开头被交通安全局特工耍了的荒谬性。

有时候在第二城市工作就像生活在一个大的社会实验中。

从最简单的层面来说,《天堂的南边》试图突出美国文化中虚伪的一面,一边大声埋怨着对个人隐私的任何侵犯,一边又过度分享着自己的日常生活,每时每刻晒着即将吃进嘴里的食物。但是讽刺的真正实力在于它能让观众(大部分)变成资源的参与者,这就是终极版的"要展示,不要说明"。戏剧作品的力量在于信息的交易,当所有观众都意识到第四面墙已经打破、规则发生了变化的时候,交易就完成了。

规则也的确改变了。我们在日常工作中总是会被各种信息轰炸,销售报告、市场调查报告、趋势和机会。随着实时信息的到来,必须加强和锻炼对这些信息的迅速反应能力,这种能力就像一块肌肉。经过训练的即兴表演者不断地使用这块肌肉来吸收重要信息,然后立刻对它做出反应。你只需想一想,如果你能提高自己对每天扑面而来的所有信息的处理和反应能力,你的工作效率将会提高多少。

学习即兴表演可以练出这块肌肉。一旦你拥有了肌肉,你就会惊讶于这种训练和肌肉记忆的作用。例如,艾略特·马斯就用"跟随追随者"的方式完成了一场困难的演讲,这是一个有趣的故事:

> 许多年前,我要准备做一个演讲,但是对方把我和另外的人混淆了,他们想让我讨论的东西,我一无所知。我没有有趣的东西可以说,我没有任何东西可以说。但是每个人都期待着我对那个话题进行详细的讨论。我走上台,然后说:"告诉我你们对 x 最困惑的一件事情。"x 就是那个话题。我现在甚至都记不得它叫什么了,因为我那会儿毫无讨论那个话题的

资格。于是人们开始分享他们的担忧，我就会说："好的，我得到问题了，那么谁有答案？"我就这样循环着这种问答。一小时后，我获得了长时间的掌声。之后我又得到了四个邀请，让我讨论那个话题。

我做了一个即兴表演者会做的事情，我很诚实，我使用了作为一个领导者的音乐和魔术。我活跃了整个房间，然后又用他们的内容作为我的内容。

没有进行严格的日常锻炼，就想着举起 200 磅重的哑铃，这是荒谬的。当然，即使当下举得起来，如果你不坚持练习，下一次就不可能成功。负责随机应变、对变化做出实时反应的大脑部分也需要不断地锻炼，就像我们手臂、大腿和心脏的肌肉一样。在你进行即兴表演的时候，你运用着自己最佳的听力能力，你在积极地获取同感心，你在创造和再创造人类行为。换句话说，你在对负责实时解读信息的那部分大脑进行细调。

一眼关七

从某种意义上来说，"跟随追随者"就是提高我们一眼关七的能力。这个短语有些老生常谈了。在谷歌上输入"一眼关七"（read the room），你就会被淹没在各种博文和管理类文章中，这些文章讨论的是见客户时如何着装、在会议开始前如何获得所有与会者的信息。但是，你想学会一眼关七是因为一个更加根本的原因：如果你真正地使用所有的感官去观察周围环境，那么在这个环境中的团队就更有可能进行有意义、有效果的交流，这种交流发生的机会就能呈指数型增长。

有效的领导者无论是引导交谈还是发表意见，都懂得如何阅读肢体语言。团队里一旦有人陷进自己的椅子里或者开始看手机,有效的领导者都能注意到,这些现象表明交谈中的某些东西让这些人烦躁甚至神游了。有效的领导者不会让这种情况继续,他们会迅速将这些个体带回交谈中,并鼓励他们继续分享自己的想法,让大家听到他们的声音,这样一来,这些个体就能积极地参与其中。通过这种方式,领导者让每个人都知道自己在被聆听、自己的想法很重要,如此,创意的"砖头"就会源源不断地涌入,团队就能够继续朝着优秀的新想法前进。

在第二城市即兴表演年鉴上有一长列格言,这些格言年复一年地在剧院里流传,其中有一句是"让行动留在舞台上"。这句话的意思是,你不应该围绕任何不属于场景的事物来建设场景。就如安妮·黎巴拉所写的:"不要讲未来的故事,也不要为未来做计划。不要重提旧事,也不要把焦点放在不在现场的人或动物上。围绕当时当刻不在现场的东西是很难建设起场景的。"

能让一个即兴表演者提高舞台表演的东西,同样也能让一个领导(或者公司里的任何一个人)提高在任何场合的表现。不要对不在现场的东西念念不忘,相反,把精力集中在你面前的人或空间上。不要活在想象中的未来。要认识到尽管幻想着隔壁镇上的工作是很自然的反应,但是陶醉在这种幻想中并不能使幻想成为现实,它只会使你分心,让你无法专心改善你面前的现实。要一眼关七,你就必须处在当下,处在当下能让你更好地一眼关七。

要真正地"跟随追随者",还要忘掉习惯性的工作模式,这样做的部分原因是因为委员会和群体思维这些东西的确非常不值得信任。但是委员会和团体是有区别的。

委员会完全陷于等级制度中,他们向上级汇报工作,他们不一起进行创造,他们态度审慎,他们毫不活跃。

团体则完全相反。他们同步工作,虽然也存在领导者——比如体育运动中的教练、研发团队的研究带头人、戏剧表演的导演,但是成功的团体不会把焦点放在领导者身上,它注重的是团体本身的行为。它关注积极参与者之间的空间,关注在哪里可以完成工作。

最能体现"跟随追随者"精神的公司就是推特,而推特的执行总裁迪克·科斯特罗(Dick Costolo)居住在芝加哥时曾参加过即兴表演喜剧的培训。这肯定不是巧合。

推特和语境提醒

如果你看过推特的主页,你就会发现在屏幕的左上方一直有"粉丝"和"关注"的字样。这个社交媒体平台的操作特性看起来很像"跟随追随者"的网络版本,但是更加有趣的是,推特的执行总裁迪克·科斯特罗积极地运用他在即兴表演培训中学到的东西来领导和管理他的公司。在为《彭博商业周刊》撰写的一篇文章中,科斯特罗写到了作家布拉德·斯通:

> 即兴表演的基本原则是接受任何在舞台上开启的情景。如果你即兴表演的是洗盘子,而一分钟后我走到了假设是水槽的地方然后打开电视机,那么观众会认为这个场景被毁了。同样,我也希望我的经理们能够倾听且回应员工的看法,而不是忽略他们。管理者必须对任何建议持开放的态度,如果他们否认问题的存在,对现状进行反射性的辩护,就会对员工造成伤害。

因此,虽然科斯特罗每天都把自己的即兴领导力知识带到位于旧金山的总部,但是推特公司的运营模式还有许多值得挖掘的地方。从许多方面来说,推特本身是对即兴表演的技术性反映。它的内容短小(是真的真的短小),只有 140 个字,很像第二城市的那次停电——一部开了个玩笑的短剧,却贯穿了整个第二城市讽刺滑稽剧。推特在一个持续的动态中运行,在这个动态中,信息无论对错都会不断地进行自我建设。它的内容处于运动中,永远不会变成一个成品。形势最纯粹的即兴表演也是如此。不进行内容创作的时候,即兴表演就会采纳舞台上的群体的各种启动性话题,观众在消化内容本身的同时,也是在看内容的建设方式。

从这个角度来说,推特很伟大,而有那么多喜剧演员通过这个社交媒体找到了全新的创造渠道也就不足为奇了。科林·奎恩(Colin Quinn)故意发出煽动性的推文,想从粉丝的反应中提炼出喜剧元素,这些粉丝出于某些原因并不知道科林的那些推文是在开玩笑。巴顿·奥斯华特(Patton Oswalt)能够利用推特从广泛的话题范围中挖到金子。当然,推特上最有趣的声音是嘲讽性新闻网——洋葱网,它在推特上宣传反讽幽默的假头条。

然而,在推特上发表滑稽的声音也有其不利的一面。洋葱网对此有着最直接的体会:它因为发表了一条推文批评年仅 9 岁的奥斯卡提名女主角奎文赞妮·沃利斯(Quvenzhane Wallis)而受到了严厉的责骂。此外,为美国家庭人寿保险公司广告中的鸭子配音的吉尔伯特·戈特弗里德也因为在日本海啸发生后数小时内发表戏谑的推文而被该公司解雇;甚至我们自己的校友斯蒂芬·科尔伯特也有过类似的经历,当时一位喜剧中心的员工从出现在《科尔伯特报告》中的一篇讽刺作品中摘取了一句发表在推特上,从而使斯蒂芬卷入了一场纷争。脱离全文的语境,单独一句话可以被解读为种族主义,而在原文中,这句话实际上是在攻击种族主义。

一切都和语境有关,而推特不提供语境。

　　语境的要点在于,它能让你在任何时间知道你的观众是谁。在洋葱网案例中,他们忘记了莫莉·艾文斯(Molly Ivins)那句伟大的提醒:"讽刺从传统上来说是无权者对抗有权者的武器。"一个几百座的喜剧俱乐部之所以座无虚席,是因为到那儿去的观众了解戈特弗雷德的喜剧风格,所以他的那个玩笑能够侥幸成功。但是一旦把这个玩笑带到推特上,呈现在几百万不认识他或者不了解他喜剧的人面前,反响就会完全不同。

　　了解你的观众。迪克·科斯特罗谈到,要保证管理者会倾听那些在他们手下工作的员工,这一点是绝对重要的。我们将这条建议拓展到倾听你的客户,这是一种不同形式的观众。两个同事在办公室内聊起的想法可能很棒,但是他们可能没有准备好将这个想法与整个团队进行讨论,这种情况下,它当然也不会被收集进你的客户名单里。

　　公司领导也会确保所有员工都得到一定程度的培训,知道如何在不同平台上进行交流。你的公司是否会告诉员工在使用个人社交媒体平台时,要如何讨论或呈现自己从事的工作?负责媒体公关的人会不会定期开会对他们的言论要点进行修改调整?你的公司会不会教员工在与不同的观众交流时要有不同的礼节,无论是老板与老板、老板对员工,还是员工对员工?

　　领导力不仅仅是自上而下的事情,它常常是平级的,有时候甚至是颠倒的。"跟随追随者"提供了一个模板,帮助最优秀的领导者关注交流的每一个阶段。在你的公司里找到一个可以试验、失败和冒险的地方,这很关键。而只有在了解了你的观众是谁以及如何与他们交谈之后,你才能做到这一点。"跟随追随者"的确是领导力的一个新模范。

领导力 2.0

　　从等级制领导力模型转向扁平化模型;知道什么时候要领导,什么时候要跟随,什么时候要退到一旁;信任你的团队,和你的观众交谈。所有这些都是在为内部及外部交流建立语境,而这些就是一个领导者的角色。这些年来,这个角色发生了许多变化。

蒂娜·菲的《天后外传》(*Bossypants*)是一本基于即兴表演的领导力渠道初级读物,在这本书中,我们最喜欢的一句话是:"世界上没有一种管理方式会把自以为是当作工具。"今天的领导力全部是关于丢弃老套的旧模式。如果你一定要得到尊重,那你不可能一开始就获取别人的尊重,也不可能迫使别人对你尊重。

在童年时代的卡通片里,领导者都是抽着雪茄、坐着王位、大声命令的人,但今天的领导力完全不同。当代最优秀的领导者既善于在不断变化的动态中运作,也能够改变自己。他们能够在必要的时候让最富有才华的员工站上中心舞台,在需要的时候赋予这些员工更直接的掌控权。有意思的是,研究表明此类型的领导力特征在女性中更为普遍。

而且,从公司调查分析中可以看到,虽然男性在最高领导位置的比例远远高于女性,但是在 15 个领导力有效性职能中,女性占据了 12 个。对此,曾格博士(Dr. Zenger)在哥伦比亚广播公司的财富观察(Money Watch)网站发表文章进行了解释,而玛格丽特·赫弗南(Margaret Heffernan)对该解释做了自己的解读:

> 女性在领导力有效性上超过男性,首先是出于领导风格的改变。从命令控制型的领导风格转向更具合作性的风格,这有助于发挥女性的强项。女性是更好的倾听者,更加擅长建立关系和合作。曾格博士认为这些特性使女性能更好地适应现代领导力的要求。

一些女性比男性得分更高的领域：

- 合作和团队工作；

- 鼓舞和激发别人；

- 培养他人；

- 支持变革；

- 有力、有效地交流；

- 自我发展。

所有这些元素都能在最优秀的即兴表演者身上找到。这能让女性领导者比男性领导者总体上更加优秀吗？我们知道许多人会这样问。不过贝琦·迈尔斯（Betsy Myers）认为不会。迈尔斯是奥巴马总统竞选的前任首席运营官，也是一位深受赞誉的领导力顾问，她曾与第二城市传媒部合作过几次客户案例。迈尔斯认为，在我们生活的这个时代，必须要有更加平衡的领导力方式：

> 女性的领导风格更加偏重合作，更加注重倾听、团结和说"是"。未来5年，女性劳动力将占总劳动力一半以上。昨天能成功的方式，明天就不行了。当然，我不是说要丢掉所有的男性品质，我们只是需要一些平衡。我认为，未来成功的执行总裁和领导者会接纳"是的，而且"哲学。他们不会再沿用传统的命令控制型领导风格，而是采用这样的世界观："你怎样认为？""你来决定。""你也是决定者之一。"我们正在使用社交工具，而社交工具历来更加偏向女性化。

对于在第二城市的我们来说，女性在领导角色上的普遍成功是对情商和所谓"软技术"的认可，这两个元素正是即兴表演所培养的能力，比如交流、变革、适应、同感和直觉。

　　领导者在这些具体领域表现出的品质通常与他们的领导力有效性直接相关。如果这些品质是一个目标,那么即兴表演就是能让你达到目标的练习。如果人们能够持续地进行这种练习,把练习当作日常生活的一部分,那么无论男女,所有人都可以更加有效地使用自己的软技术。

　　那么,接下来就是为你准备的一个领导力小练习:

谁是领导者?

　　在这个练习中,小组围成一个圈,一个人站在圈子中间,并闭上双眼。当中间的这个人闭上眼睛后,其余所有人悄悄地确定哪个人来当领导者。小组的任务是慢慢、仔细地跟着领导者的动作,同时不能说话。待站在中间的人睁开眼睛后,她就要找出谁是领导者。一旦成功找出了领导者,游戏就结束了。

　　从这个练习中我们可以学到,若要领导,我们必须得到追随,而得到追随的要求是你要有清晰、简明的动作。站在追随者的角度,他们必须把注意力集中在领导者身上,时刻关注每一个动作,同时预估下一个动作会是什么。站在中间的人则可以知道自己多快能够识别出领导者。如果领导力没有奏效的话,整个练习场面就会类似一种无政府状态。如果动作流畅准确,那么谁是领导者就很容易发现了。

　　你工作中的领导者是怎样的? 你老板的领导风格是透明化的还是一团糟? 作为一个员工,你有关注老板的需求吗? 理想情况下要记住的是,领导力不会在真空状态下存在,每一方都有自己要完成的角色,领导者和被领导者都不例外。

安静的组织

　　在这个练习中,让你的小组成员起立,按照年龄从小到大依次排列,站成一排,过程中不要相互说话。但是这不意味着他们必须保持沉默,他们可以通过其他方式相互交流,例如声响、身体暗示、眼神交流等。接着,再用不同的排列方式重复这个练习,例如按照名字的字母顺序排列,或者按照到公司入职的日期排列。之后,加大排列的难度,比如让他们按照最乐观到最悲观的顺序进行排列,或者按照他们最喜爱的乐队的字母顺序进行排列。

当我们没有语言的时候,我们就会被迫去寻找新的交流方式。最重要的是,"安静的组织"这个练习要求每个人都要参与完成任务,否则这个任务就无法完成。而且,它要求每个成员要高度关注另外的人的动作。在某些案例中,你要努力弄明白对方想通过他们的动作告诉自己什么;在最喜爱的乐队这个案例中,你是否掌握了对方的信息与你能否完成手头的业务息息相关。进行这项练习,尤其是与一起工作过一段时间的团队练习,可以产生一些有意思的结果。对于一些人来说,这个练习是直觉性的,很容易;而另外一些人则认为要困难得多。认识到团队里哪些人天生拥有交流的能力、哪些人没有,可以帮助到团队的每一个人。

不一定所有的练习都不能说话,以下是一个文字游戏:

珍珠链

小组面朝前方排成一列,给排在第一个的组员第一句话,给队末的组员最后一句话。当第一个组员和最后一个组员说出第一句和最后一句话后,随后的每个组员必须依次即兴创造一句对话,使故事能够有逻辑地从第一句串到最后一句。它可能是这样的:

第一句:一天,一头猎豹送了一个披萨到我家门口。

最后一句：我获得了升职。

接下来就是站在中间的三个人的事情了，他们得想出怎样说才能让故事从猎豹转到升职。在说出任何说得通的话之后，他们还得看看自己说的话能不能衔接进故事里，也得看看站在他前面和后面的人是怎样衔接这个故事的。

第二句：我很惊讶，所以用手机拍下了一张照片。

第三句：我把这张照片发给了我老板。

第四句：我老板是一家野生动物杂志的照片编辑，正在做一期披萨专题。

通常，每个人在进入领导角色前都几乎没有或者完全没有受过培训。因此，刚刚上任的管理者的领导风格可能会显得没有内涵，会拉大领导者和被领导者之间的距离，这些现象丝毫不让人意外。这样的领导风格会导致不幸的结果，即一旦它在个人和公司中根深蒂固，创新和发展就会受到阻碍。

"跟随追随者"教会我们更好的领导方式，管理者不需要为了达到最好的结果而亲自掌控员工的方方面面。实际上，完全不需要这样。管理者如果能从员工中获得最好的想法和建议并加以运用，他们就会获取战略优势。

第 8 章

倾　听

YES, AND

2004 年，英国讽刺作家托尼·亨德拉（Tony Hendra）出版了一本名为"神父乔"（*Father Joe*）的书。你可能因为电影《摇滚万万岁》（*Spinal Tap*）中虚构的乐队经纪人伊恩·费思（Ian Faith）而认识了亨德拉。他也为《国家讽刺文社》（*National Lampoon*）①和《间谍杂志》（*Spy Magazine*）②这两个出版物的全盛发展做出了重要贡献。不过，他在这本书中描写的却是他和一个叫作约瑟夫·瓦里娄（Joseph Warrillow）神父的本笃会（Benediction）③修道院僧侣之间长达数十年的友谊。

亨德拉在年轻的时候，曾经和他村子里的一个天主教已婚妇女有染。那个女人的丈夫发现后，亨德拉被带到了当地的牧师那里进行"拯救"。然而神父乔并没有对他进行严厉的批评，反而给予了智慧又慈悲的劝告。在后来的几十年里，每次亨德拉从他那作为喜剧演员相当鲁

①　《国家讽刺文社》是一本突破性的美国幽默杂志，开始于"哈佛讽刺文社"。20 世纪 70 年代，《国家讽刺文社》被誉为最受观众欢迎的杂志，它对美国幽默和喜剧有着深远的影响。——编者注
②　《间谍杂志》是一本 1986—1998 年间发行的讽刺性月刊杂志。——编者注
③　本笃会是天主教的一个隐修会，又译为本尼狄克派。——编者注

莽的生活中暂缓过来的时候，神父乔就会继续给他这样的劝告。

在 20 世纪 70 年代早期，亨德拉开始与约翰·贝卢氏等多位第二城市的校友在《国家讽刺文社》出版的《旅鼠系列》(Lemmings)中进行合作。他被这些人不假思索、不带剧本就能即兴表演的能力震惊了，同时也带有困惑。他开始询问关于即兴表演的问题，亨德拉在《神父乔》中写道：

> 我从每个人那里得到的建议都是，想要达到类似的顶峰状态，就要倾听。倾听每一个层级的东西——单词、情感、对方或他人的意图。保持完全开放的态度，不在当时当刻带入任何你设想的或准备好的东西。倾听，然后只对你所听到的东西说话。做到这一点，你就不会走错。即兴表演不只是为了娱乐，它同时也是一个过程和结果，是一种知道的方式，是一种抓住对方本质、对方存在现实的途径，是所讨论话题的一部分事实——你以为你知道这部分事实，但实际上直到当时当刻你才真正了解。

读到这样一篇富有激情又可爱的即兴表演描述，而且作者严格来说还不能算是"业内人士"，我们都受到了一点惊吓。但是，真正让我们剧院一连几个星期进行传阅的是这本书中之后的几篇文章，这些文章促发了各种各样的讨论和辩论：

> 神父乔难道不是在 20 多年前就说过几乎一样的事情吗？倾听是了解上帝的唯一方法，也是了解别人的唯一方法。倾听能够让你进入那个未知的本性，推倒你和他们的隔墙。

亨德拉引用了神父乔的话：

> 我们没有人做到真正的倾听，难道不是吗，亲爱的？我们
> 只会听到人们所说的一部分。这是一件非常有用的事情，你
> 几乎总是能听到你想不到的东西。

最后，亨德拉总结说："毫无疑问，即兴表演之父们所说的和神父乔所说的有着惊人的相似处，第二城市和上帝之城有着惊人的相似。"

首先，不要担心，我们不是要开创一个宗教。已经有太多自我认定的专家和大师以及一大群热切又善意的信徒，这些信徒们在各种各样的即兴表演大神面前祈祷。但是亨德拉说的话里面的确有着绝对的真理。用约翰·韦恩的话来说，我们"耳朵很短，嘴巴很长"。只要你为人父母或者正在恋爱中，你就能完全明白我们在说什么。

根据《福布斯》专栏作家格伦·洛皮斯（Glenn Lopis）的观点，我们知识的 85% 从听中习得，工作日 45% 的时间都花在听上，但是人类的听只有 25% 的理解率。更惊人的是，洛皮斯发现只有 2% 的专业人士真正接受过正式的听力技能培训。很难想象我们对一项我们所有人都需要的基础技能竟是如此漠不关心，这种疏忽是你在其他领域看不到的。你能想象只有 2% 的职业棒球运动员参加击球训练吗？试着想象一下只有 2% 的歌剧歌唱家上职业课程、持续参加培训会是怎样的情景？（有意思的一面：在这两个领域，如果不对核心技能进行训练，那么你不仅会失去工作和各种机会，你的公众形象也会变得很糟糕。也许只有当失败的代价是具体可见的时候，人们才会不得不去努力提高自己。）

当然，我们的父母和学校告诉我们要去听，但是尽管听是我们学习的首要方式，却从来没有人给过我们提高听力技能的工具。

在我们的职业发展课程上，我们花费了一番功夫来展示商业和即兴表演的共同点：我们都要接触并赢得客户；我们都要以团队为单位进行创造和工作；我们都有表演的压力，也有被更有才华或者天赋不同的表演者所取代的压力。同时，我们还指出了这两个领域的一些重要不同点。对于我们来说，团体的力量胜于个人；对于没有剧本或计划的情况，我们依旧感到舒适，或者至少可以应对；而且，我们会听。

优秀的倾听能力是一个好的即兴表演的核心。正如我们已经发现的，在没有剧本的情况下，为了在台上创建场景推动表演的进行，演员需要对对方的想法进行肯定和建设，使用"是的，而且"工具创建一个出色、有趣、聪明的场景。但是在能够对想法进行肯定和建设之前，你必须先听到这个想法。你必须听。

如果某人的开场是这样的："我从来不知道潜水装置这么不舒服。"而他的场景搭档回应说："这个城市到处都是柯基犬。"那么这个场景就发展不下去了。你知道对方没有在听，你将不得不为他收拾烂摊子，有时候我们把对方的这种续接内容称为"糟糕的提供"。

在第二城市，我们的演员不仅仅是"积极"倾听，倾听者还会对说话者说的内容进行重新措辞，以此保证他们完全理解其全部内容，从而达到改善交流的结果。"积极"倾听属于"是的"，若要达到一个即兴倾听的新水平，你还需要提供"而且"。在即兴表演中，你得明白你的场景搭档说的每一个字都是一份礼物、一条生命线，因为它为其他团体成员提供了建设的东西，他们可以在此之上创造出有趣、值得一看的场景。在观看我们训练中心的初级学生表演的首场演出时，你可以尤其明显地看到这些学生还没有完善他们的倾听技能。这一点也不奇怪，这些演出充满了胡乱的场景，演员们不会相互支持，出现的想法也得不到建设。出现这种情况，并不是因为这些学生不够仔细，而是因为他们还处在学习倾听的阶段，当压力来临时，害怕之心常常会遮盖他们的倾听技能。学生们一旦变得非常紧张，他们就会求助于我们讨论过的所有基于害怕情绪产生的反应，比如吼叫和质疑。第二城市训练中心已故的伟大共同创办人马丁·德·马特观察到，紧张的年轻学员常常会求助于"讲故事"。他们不停地讲述一些事情、任何事情，滔滔不绝，内容与舞台上的人或者正在实际发生的事情毫无关系。就其本质，他们是在讲话，而不是倾听。

在你的工作中，也有这样的人吗？

在即兴表演中，我们常常会讨论礼物和内容供给，别的演员所说的内容就是给你以及这个场景的礼物。如果每个人都听得够充分，并且在所提供的内容的基础上进行建设，那么优秀的场景就有可能出现。在工作环境中同样如此。如果你一直在说话，没有真正去听别人的内容供给，那么你和同事的交流就不会那么有成效。为了强调这一点的重要性，我们在对企业客户进行培训时，常常会加入"谢谢你雕像"这个即兴表演练习。在这个练习中，人们两两组队，就任何事情进行交谈，但是每个人在回应对方的想法之前，必须先对对方提供的内容说一句"谢谢你"。当然，这有点不自然，但是它的确强调了我们在日常交流时应当重视别人的想法。"谢谢你"让我们记住了我们周围那些人的想法与我们自己的话语和想法一样重要、一样有价值。

为了对抗那种本能的冲动，我们在课堂上教授的一个早期练习就是"重复"。在提出自己的新对话之前，学生必须重复或者改述他们刚刚听到的来自场景搭档的对话。这就是"积极"倾听。随着课程的深入，他们又希望学习和充分练习这种"积极"倾听技能，从而可以完全听到场景搭档的话，而不是只想着自己接下来说什么。

你曾经目睹过或者自己经历过话说着说着突然思绪一片空白的情况吗？随着你越来越不自在，你可能会口干舌燥，开始出汗，突然你所有的知识和准备都不翼而飞。正是因为这种不自在，抑制了我们进行有效交流的能力。但是在同样的情况下,充分练习了倾听技能的人可以阻止自我怀疑的恶魔靠近。他们能够把注意力集中在想法和他人身上,而不是只关注着自己。这也就是为什么艾略特·马斯身处实实在在的梦魇中却不恐慌的原因——正如在第七章所描述的,他要在一大群人面前就一个完全不了解的话题做演讲。艾略特·马斯只是在倾听,在这个过程中,他给了观众他们想要的内容。

深层的、受过训练的倾听实际上也是一种调解形式。这是一项技能,能够让你关闭头脑中的评判,使你与个体和团队无缝互动。倾听能力优秀与否,决定了你会在300个人面前惨重失败还是会创造艺术,这样说毫不过分。

当我们在舞台上即兴表演时,我们不仅要倾听我们的场景搭档,还要听观众的意见。有时候,我们也要听听错误,这样我们才能实践另外一条即兴表演格言:"让错误为你工作。"

我们一晚又一晚地在第二城市的舞台上见证着这句格言,结果总是一样的。出现的错误通常非常简单。例如,某个场景开始,演员A饰演的角色名字叫保罗,演员B饰演的角色名字叫史蒂夫。场景进行一会儿之后,演员A把演员B叫作比尔。于是观众就知道发生了错误,台上另外的演员也知道犯错了。除了演员A,大家都知道发生了错误。

在这个错误中,演员B看到了一个机会。

进行深层倾听、完全处在当刻的演员不会指出错误,这既不有趣,又会把大家都带出场景。相反,他会顺着错误继续自己的叙述。因此,演员B回答说:"那么,你是怎么发现我的真实身份的?"

台下的观众兴奋了起来。他们认识到台上刚刚发生了一次转变,将一个可能发生的尴尬转变成了好玩又出色的东西。

也许即兴表演者要比普通人具备更好的倾听能力,因为如果没有这种能力,就会在舞台上当众失败,十分丢脸。如果我们没有倾听,观众就会无聊到爆,而我们也会立刻遭受到恶果。同样,糟糕的倾听者不会成为优秀的场景搭档,如果在即兴表演圈里传开了,就没有人愿意与他们同台演出。由于有着这么高的风险,我们的即兴表演者要么学会倾听,要么自毁前程。

在舞台外的商业世界,或者在任何人们发生交流的场所,我们不会总能立刻感受到糟糕的倾听能力带来的结果。如果你在老板咆哮的时候走神了,或者在你的配偶描述着白天遇到的挑战时一只耳朵进一只耳朵出,你可能就会失去一些接话的机会,但是你也可能侥幸抓住了机会,因为你总是能够掩藏自己的走神。点几次头,轻声哼几个"嗯",许多人会把这些表面的表现错当成真正的倾听。

但是,即使人们可以掩盖自己是糟糕听话者的真相,这也并不意味着糟糕的倾听不会有代价。

那么,代价是什么呢?你建设的东西无人问津,也没有人想要。

我们在工作中亲身见证过这一点。一次,我们雇用了一位导演来设计一场喜剧小品演出。第一次预演时,舞台上展现的根本不算喜剧小品。这位导演决定"创新",创造一部戏剧或音乐剧或其他某种形式的戏剧表演,而这些在当时并不符合台下观众的意愿。高层管理对此也感到内疚。一群第二城市的制作人,我们就不列举姓名了,决定这个世界需要看看曲棍球电影巨作《火爆群龙》(*Slapshot*)的戏剧现场改编版。结果,这部剧吸引不到一个观众前来观看。有谁要求看《指环王》(*Lord of the Rings*)、《魔女嘉莉》(*Carrie*)或者《蜘蛛侠》(*Spiderman*)的戏剧现场版吗?没有人。这些演出在结束前损失了数百万美元。作为内容创作者,我们需要相互倾听,一起创造新的东西。作为剧场制作人,我们需要听一听观众的声音,确保观众想要我们在创作的新东西。在商业领域,无人问津的产品例子数不胜数,没有上万也有数千。但凡制作人有听过观众的意见,他们从一开始就不会浪费这么多钱来创造这个东西。"杂牌"之所以产生,正是因为公司没有倾听自己的客户群。

倾听练习

考虑到当今世界发生的宏观变化,你可以认为倾听技能比以往任何时候都要重要。随着商业的全球化以及工作年龄层的变化,人们不仅要提高交流的数量,更要提高交流的质量,这比以往任何时候都要重要。而要提高交流的质量,人们就需要提高他们的倾听技能。这两个缺一不可。让我们高兴、也让我们的客户高兴的是,我们发现人们真的可以通过不断的练习变成更好的倾听者和交流者。倾听就像肌肉,只有运动起来才能看到改善。我们创造了一系列各种各样的练习,让倾听技能的提高不仅是可能的,而且有趣的。

优秀倾听技能练习的一个例子就是"末尾单词回应"。在这个练习中,我们将参与者两两组合,让他们就任何话题进行交谈,话题与商业相关与否都没关系。这个练习唯一的名堂是,每个人必须接着另一个人最后一句话的最后一个单词开始自己的话。在练习过程中,对话可能是这样的:

人物1:好家伙!我真爱酷热的夏天。等不及要去跑一跑,然后跳进泳池里,等我一结束工作。

人物2:工作最近一直很难。我真是很痛苦,要接触我的新老板。

人物1:老板这个职位我从来就不喜欢。我更喜欢合作,而不是下命令。

人物2:命令一直阻塞了我们的采购系统。

你得到这个练习的要点了。交谈是否有实际意义并不重要,事实上,没有意义反而更加有趣。但是,类似"末尾单词回应"这样的练习很好地证明了我们在与同事的日常交流中是多么糟糕的倾听者。因为要成功的话,参与者必须从头到尾听完对方的话,他们无法在半路切入对方话语的情况下依然做对这个练习。从头到尾听完对方的想法不是我们许多人所习惯的,无论是在工作上还是在生活中。更常见的情况是,我们半路切入,或者在他们还没说完话的时候就已经在忙于思考自己应该如何应对回答。在史蒂文·科维(Steven Covey)的著作《高效能人士的七个习惯》(*Seven Habits for Highly Effective People*)中,他把这个称为"为了理解而倾听"与"为了回应而倾听"的区别。在任何情况下,不进行从头到尾的倾听,会出现两种不利的事情。首先,我们可能会因为走神而丢失对方的实际内容,因此我们接下来的陈述也许会无关痛痒。更糟糕的情况是,因为我们没有从头到尾倾听,我们所说的内容可能直接与第一个人所说的相斥。我们本是同意对方观点的,说出的话却是站在不同意的立场,而原因就是我们在开口之前没有花精力去听对方说的每句话。正是因为记住了在即兴表演中学到的这些教训,政治顾问贝琦·迈尔斯才能够在当下这种足以让她变得愤世嫉俗的政治气候下,仍然保持自己的乐观。她坚持道:"如果你听了,如果你真正地倾听了,你就会意识到与你原本认为自己不赞同的人相处是多么容易。这就是你从即兴表演中获得的自由。"

在为企业客户做了数千次培训后,我们可以肯定地说,商人更是回答者,而不是慷慨、富有同感心的倾听者。当然,这一部分是出于试图掌控谈话方向的下意识欲望,这似乎是商业界的条件反应。不过有意思的是,这种习惯常常会产生相反的结果,尤其在目标是被掌控的情况下。根据我们的经验,最终获得最高地位的人,都是慷慨的交流者和富有同感心的倾听者。他们给人一种更加有自信的印象,因为他们相信,无论自己听到怎样的内容，都可以做出合适且有用的回答。然而，大多数商人都太过于追求"正确"回答，以至于丢失了交流的本质。如果一个会议上有两个或两个以上这样的人，那么在每次各执己见、争夺上风之后，他们会变得更加渺小，影响力也会更弱。

"末尾单词回应"练习不仅教导我们要充分地倾听别人，也让我们看到自己是多么慷慨以及受他人导向。在这个练习中，如果一个人经常性使用问句作为评论或者以介词结束陈述，那么他的搭档就很难接好下一句话。例如：

人物1：我十分强势地灌输了我的想法，但是我不确定他的思绪在哪里。

人物1：你呢？

无论是以上哪种情况，接着最后一个单词进行下一句话是有可能的，但是会很痛苦。某些希望掌控交谈的人会故意这样做，但是那些没有认真听搭档或者自己的话的人，同样也会这样做。我们发现，慷慨的交流者和倾听者会很注意这种情况，并尽最大的努力为他们的搭档创造一个容易点的回答。他们的目标不是为难搭档，而是让他成功。

倾听意图

即兴表演是相当口头化的，但是单词只是交流的其中一种方式。通常，单词不足以传达说话者的真正意图。我们说话的语调和方式暗含了许多含义，需要倾听者进行识别。除此之外，我们在交谈过程中使用的身体线索也包含了另一种层面的交流。保罗·艾克曼（Panl Ekman）博士与他人共同提出了"微表情"这个概念，这是在人们隐藏自己真实情感时故意或无意间流露出的极度简洁的面部表情。艾克曼小组确认了七种普遍的微表情：愤怒、恐惧、悲伤、讨厌、轻蔑、惊讶和开心。学会辨别这七种表情很难，它们转瞬即逝，但是优秀的"面部阅读者"能够学到，我们所说的和我们真实感受的可以是那么不同。但是，挖掘某人话中的潜台词是喜剧的一种基本策略，很多笑点就来自这里。

在 2000 年的时事讽刺喜剧《迟到总比纳德好》（*Better Late Than Nader*）中，安迪·科布（Andy Cobb）和德布拉·唐宁（Debra Downing）表演了名为"像情侣一样说话"的一幕，在这一幕中，角色所说内容的潜台词构成了一场对话。

对于即兴表演者来说，不仅要知道在说什么，还要知道真正在说什么，这一点是绝对重要的。除喜剧目的之外，赋予同感心的倾听能让你更加清晰地看到真实。如果你在听到对方的话语之余，还能理解其中的感受，那么你就可以对他们的整个心理产生多重的见解。这拓宽了交流的可能性。艾克曼教授所谓的"认知性同感"指的也是同一件事情，《情商》（*Emotional Intelligence*）一书的作者丹·戈尔曼（Dan Goleman）对此解释道："就是指知道对方的感受以及他们可能在想什么，有时候也称之为视角选取，这类同感能够促进谈判或者鼓舞他人。"

我们对我们的企业客户进行了各种各样的练习，让他们认识到理解话语背后含义的重要性。它可以帮助你提高内外部交流，更快地达成销售；它也是研发领域的关键因素。

一家广告公司的业务经理和创意总监来向我们寻求帮助。他们不只是希望提高团队挖掘客户的能力，还希望能够保住原有的客户。这家公司发现，他们的团队因为误读了客户（现在已经算前客户了）的意思，从而失去了自己的业务。有时候，不高兴的客户不会直接告诉你他们不高兴。

我们带领业务经理珍和蒂姆以及创意总监奈特做了一项顺序性练

习,叫作"触碰后才交谈,眼神交流后才说话"。只有练习进行了身体接触或者强烈的眼神交流之后,双方才能够说话。几分钟后,这个简单的练习要求珍、蒂姆和奈特形成一种特殊的肢体接触形式,这样他们才能够相互交流。当重复进行这项练习时,全神贯注地关注对方就成了这个练习的一个基本需求。同样,当别人全身心地关注着我们的时候,我们能够体会到那是一种多么神奇的感觉。

在这个练习之后,我们又进行了一项胡扯练习。珍和蒂姆要完全胡扯,随便编造说辞和声音,而奈特的任务则是向房间内其余人"翻译"他们所说的内容。一开始,奈特试图拿这些胡扯开玩笑,我们让他这么做了。但是第一轮结束之后,我们让奈特再试一次。然而这一次,他的任务不是开玩笑,我们让奈特真正地去"听"这些胡扯。我们要求他不仅要更仔细地关注他听到的那些愚蠢的声音,还要关注说话人的肢体语言。同样地,珍和蒂姆也需要通过胡扯尝试一点真正的交流。

房间里整个气氛都变了。奈特在描述珍和蒂姆表达的内容时,注意力高度集中在他俩身上。珍的声音是颤抖的,她的身体也在颤动。"我很冷,我需要一件夹克,或者你得把暖气打开。"奈特翻译道。珍听到这个翻译后微笑了一下,因为奈特完全理解对了。蒂姆的内容要难一点,他高昂着头,挺着胸膛,一副高傲的模样。最后,奈特受到了启发,他翻译道:"我是老板,我是掌管者。谁给我拿一杯咖啡!"房间里爆发出一阵笑声,蒂姆扮演的正是他们的公司总裁。奈特能够从这些胡扯中"听"出内容,而大家也同样获得了一乐。

这个广告小组重复了所有的练习并吸取了倾听意图的经验。他们学习到,要想更加有效地衡量他们与客户之间的关系,自己就得更加关注客户的言辞。客户希望得到倾听,只不过他们不会一直使用直观的语言来表达自己。有了这一层理解,这支团队就能够提高他们的客户保有率,同时在发掘新客户的时候更加自如。

保罗·艾克曼写道:"提高识别他人情绪的能力可以增加你与别人接触时的亲密度和理解能力。研究也表明,学会识别微表情的人更受同事的喜欢。"他的理论很好地吻合了即兴表演的核心元素。因此,艾克曼与迈克·尼科尔斯以及伊莱恩·梅(Elaine May)是20世纪50年代芝加哥大学的同班同学这件事情也就不足为奇了。当时,他们正在练习维奥拉·西尔斯(Viola Sills)的即兴戏剧游戏,一起的还有维奥拉的儿子保罗,他是第二城市最早的艺术总监。

"即兴倾听者"是更加有效的倾听者,因为他们会在每次谈话中寻找机会对对方提供的信息进行建设。这并不意味着即兴倾听者很软弱或者缺乏强烈支持自己立场的能力,它只是表明他们明白自己的主张要以对方的说话内容为基础,而且能够通过对方的内容得到提升,自己的主张需要依托他人存在。

当我们在打销售电话、举行头脑风暴的创意会议、进行一对一员工考核等时候,如何去听是交流的关键,能够决定你的整个公司是成功还是失败。如果我们没有全身心地去听,我们就不算在真正地努力,从实际上来说,这对想要获得成功的个体没有任何意义。

在我们最成功的真实商业短片系列中,有一个视频对某种典型的电话会议进行了讽刺。那是一部关于"不在听"的喜剧芭蕾。一个打电话的人正在开车,你可以听到电话里传来街道上的喇叭声和长鸣声,他可能在不停地超赛车;另一个人的信号非常差,她的声音听起来就像是《花生漫画》(Peanuts)里那个通过一丛静电讲电话的老师;一些人不断地打断别人,因为他们甚至不清楚自己为什么会在这个电话会议上。这个视频很有趣是因为它很真实,对不对?

我们常常讨论哪一条即兴表演原则最重要,对此每个人的观点都不一样,而且情况不一样,原则也会不一样。但是,如果有足够多的人使用即兴表演变成更好的倾听者,那么我们也许就能改变世界。如果有更多的人带着同感心去倾听，那么误解就会越来越少，误解导致的冲突也会减少；如果听在我们的整个教育中得到强调，那么我们就能够创造更多本能地关心别人感受和想法的人。想象一下，一个大家都会积极自觉又专业地相互倾听的大群体拥有着多少可能性。那就是我们期望生活的世界。

结束语

我们用"是的,而且"方法写这本书的时候发生了什么

Y~ES~, A~ND~

"你在工作中使用它,你在家里使用它。我知道进行即兴表演练习有其商业原因。但是对我来说,即兴表演的主要作用是它能让你的生活更好、更丰富、更有意思。"

——迈克尔·刘易斯,《点球成金》和《快闪小子》的作者

即兴表演最终是关于发现。你走上舞台或者走进房间的时候,什么也没有;而当你离开时,你已经创造了一些东西。"一些东西"的质量取决于各种各样的因素,但归根结底,几乎所有的因素都是关于你和你的团队能如何运用自己的脑力和心力去完成手头的任务。

在第二城市,我们有机会观察和纪录半个多世纪以来的创作。我们在舞台上和教室里验证了我们的原则,在数以百万的场景中运用了我们的技术,而我们学习到的是,不存在某种绝对路径,不存在某条从A到B的直线或者某种方式能让你在工作中变得优秀,或者变成一个更好的交流者。但是我们可以给你工具,无论你最终选择了怎样的途径,这些工具都会提供帮助。

写这本书也是一次即兴行为,在这个过程中我们有了无数的发现。当我们在研究即兴表演对培养领导者的作用时,我们遇上了马尔科

姆·诺尔斯(Malcolm Knowles)提出的领导力八条法则,其中第四条法则尤其让我们感兴趣:"一个创意型领导人高度重视个体性。与努力遵守某些强加的陈年老套和严格定义的责任相比,当人们基于自己独特的长处、兴趣、才能和目标进行工作时,他们工作的水准会更高。"这个观点激发出我们的一段记忆。在我们写这个结束语的时候,我们正在悼念第二城市校友哈罗德·拉米斯(Harold Ramis)的离世。这是一位多产的演员、作家和导演,他的作品包括《动物屋》(Animal House)、《捉鬼敢死队》(Ghostbusters)、《乌龙大头兵》(Stripes)、《小小球童》(Caddyshack)和《土拨鼠之日》(Groundhog Day)等,是我们剧院里一位深受爱戴的导师。在回顾哈罗德这些年来在各种座谈会上的演讲录音带时,我们找到了这篇写于1999年12月的文章:

> 大多数人认为指挥是一种控制功能。实际上,在第二城市,指挥更是一种促进功能,它让指挥者成为一个促进者(我是冒着风险编的这个词),帮助人们认识到自己的最佳工作状态,而不是告诉他们应该怎么做或者应该怎样来看这个演出。我们习惯性认为导演拿到一个材料后,会对它进行解读,然后寻找演员实现他的解读。这不是第二城市的做法。你的演员会不断迸发出新的想法。你帮助他们选出其中最好的进行塑造,他们也许就会看到这些想法之间存在着你原本没有看到的联系,然后对它进行某种润色抛光。

诺尔斯和拉米斯谈论的是同一件事情。所谓领导力,就是建设强大的团体,在这种团体中,个体都能凭借自己的强项参与进来,尽管各有缺点,但是仍然能够得到支持。

如果想要在创新的环境中获得成功,我们必须消除对失败的偏见。

这个剧院的创立者们在 1959 年就明白了这一点,这为它成为美国历史上最成功的剧院之一铺平了道路。你要知道,这个剧院的核心业务是原创作品。

在整个写作过程中,我们每天要花数小时在各自的办公室里相互问对方:我们做得对不对。我们当然希望是对的,但是那些交谈也向我们揭示了另外一个真理:我们不能因为担心做错就停滞不前。我们会做错,而且经常做错。我们会忘记即兴表演的原则,不让别人发表意见,不去倾听别人的话,说"不,但是",而不是"是的,而且"。

但是重要的是,我们对评判中发生的过失进行了反省。我们表达了歉意,然后一起做得更好。

我们正在经历的这场变革不存在绝对真理。世界正在变化、正在加速,对我们的要求正在变得越来越多。无论你想乘上这波改革和创新的浪潮,还是自己成为浪潮,要跟上世界的节奏着实是一个挑战。然而,无需害怕,即兴表演是带你驶向未知的完美工具。

最后的清单

我们有许多很酷的工作,但是它们只是工作。这么多年来,有的工作完成得很好,也有的工作完成得很糟,这些我们都见证过。几年前,我们创作了一张清单,并且把它粘在了办公室墙上。我们把这些建议留给你,虽然它们出生于一个即兴表演剧院,但是我们认为这些建议适用于任何地方、任何想要做得更好的人。

见到别人时直视他们的眼睛。

微笑。

别人说话的时候不要查邮件。

有好奇心。

尝试在一天之内不说"不"。

当你错了的时候，承认错误，说一声抱歉，然后继续前进。

原谅你自己，原谅别人。

在你不想被领导的时候，站出来领导。

不要变成一个混蛋，也不要忍受混蛋。

准时。

善于准备。

问问自己你想要解决的问题是什么。

照顾你的搭档。

要尊重，不要敬畏。

完整地倾听别人。

一眼关七。

分享交谈。

热爱你的工作。

为他人鼓掌。

无论什么时候，说"我们"而不是"我"。

有好奇心。

想一想自己可能是不对的。

敞开心扉。

试着不要出于害怕去工作，出于对某种可能性的感知而工作。

了解你尝试争取的观众，给他们一个角色。

成为一个即兴表演者。

附　录

第二城市即兴表演练习

Y_{ES}, A_{ND}

1.　练习：暴露

　　设定：把你的小组分成相距 10 英尺左右的两列，面朝对方。让两列
　　成员相互对视，让对视持续一段时间。当出现明显的不舒适情绪
　　时，让成员看向房间别的地方，完成数数任务（例如墙上的砖头数、
　　天花板的瓦数等）。如此，烦躁和不舒适感就会停止，每个人都把注
　　意力集中在手头的任务上。

　　关注要点：让参与者知道，集中注意力可以帮助他们摆脱脑海中的
　　害怕情绪。

　　基本指导：导师："我们将要分成两列，两列面朝对方，分开大约 10 英
　　尺。现在，我想让每列成员看着对方成员，只需要用眼睛看。"（在注
　　视几分钟后）"好的，很好。现在我想让你们开始数天花板的瓦数
　　（或者其他任务）。"

2.　练习：一次一词

　　设定：集 6～10 个人围成一圈，让他们讲述一个原创故事，每个人一
　　次只能说一个单词。这个练习在几分钟后就会结束，故事的发展也
　　充满了滑稽有趣又出人意料的曲折变化。

关注要点："是的，而且"法。每位参与者在前面参与者提供的基础上进行建设，通过他们独特的方式完成一个远比自己单独完成要有趣得多的故事。

基本指导：导师："让我们围成一个圈（指向其中一位成员），让我们从你开始，你先说一个单词开始我们的故事，然后我们按照顺时针方向挨个继续，每人每次只能说一个单词。"

3. 练习：不带"我"字交谈

设定：将参与者两两组合，指导他们就任何话题进行交谈，交谈中不能使用"我"字。练习结束之后展开讨论：成功完成这个练习需要哪些东西？这个练习对你们以后分享想法或者评估别人的建议有哪些帮助？

关注要点：团体可以帮助参与者关注"不带'我'字交谈"的要求，而不是把注意力集中在与工作相关的交谈内容上，后者会让参与者偏离这个练习的目的。

4. 练习：镜子练习

设定：将小组成员两两组合、面朝对方。其中一个人的任务是使用自己的面部和肢体做出各种小动作，引导对方。另一个人的任务是模仿对方的每一个动作。接着，两人互换角色。最后，看看他们能否在没有人受到指示的情况下相互模仿。

关注要点：团体建设。这个练习让参与者有机会了解全神贯注地观察和关注搭档是一种怎样的感受。

基本指导：导师："面朝你的搭档，两个人都保持不动。首先，我要你（指向一位参与者）先做一些小动作，你的搭档将模仿你的每一个动作……"

5. 练习:给予和索取

设定:让小组在房间内散开,从其中一名成员开始,要求他们使用一种简单的肢体信息(注视他们的眼睛,用手指着他们,或者碰一下他们的肩膀)对另外一名队员给出关注。接着,要求他们以同样的方式"索取关注"(例如,站在他们面前或者站到他们边上挥舞自己的手臂)。最后,要求所有队员进行全套练习——给出关注,然后索取关注,然后再给回关注。

关注要点:理想状态下,不同的团队成员能够熟练地以同等程度给予和索取关注,这可以帮助头脑风暴会议更加有成效或者让战略会议的氛围有所缓解。

6. 练习:整体中的部分

设定:让小组在房间内散开,给他们任意一个物体建议(比如动物、卡车、打印机)。要求小组成员利用自己的身体创造出建议的物体,每个人都要完成一个不同的部分。接下来,给他们一个稍微复杂的物体建议(比如百货店里的购物者、水族馆等)。

关注要点:这个练习强调的是,每一个在团队工作的人,要想获得最大的成功就必须愿意放弃掌控权,做好自己的角色。

7. 练习:收回那句话

设定:参与者即兴创作任意场景。只要主持人一按铃,演员就必须收回他们的最后一句话或最后那个词组,并用新的话或者词组代替,然后继续场景。

关注要点:让参与者无法提前计划或思考他们要说什么。

基本指导:导师:"你们有没有曾经说过一些话然后又希望把它收回?

在接下来的场景中,我们的参与者将有机会这样做。只要我一按响这个铃,所有演员必须收回他们所说的最后一个单词或词组,并用别的词代替。"

形式变换:这个练习也可以没有铃铛,主持人可以简单地喊"收回那句话!"或者"新选择!"在这种形式中,主持人可能偶尔让参与者替换的是某个行为而不是某个词组,例如:"收回那个口音!"或者"新的舞步!"

8. 练习:谢谢你雕像

设定:让小组围成一个大圈。首先邀请一个自告奋勇者,让他走到圈子中间并摆出任何姿势。一旦姿势确定后,圈组里的另一位成员走到圈子中间换下第一个人,并且摆出自己的姿势。第一个人要说一句"谢谢你",然后站回圈组。几轮下来后,要求小组成员提高速度,加快练习。最后,要求他们不再换下前一个人,而是走到圈子中间后,以前面那个人的姿势为基础摆出自己的姿势,共同创造一个雕像。到圈组里只剩两个人后,让这两个人对其他人共同创造的这个雕像进行命名。

关注要点:这个练习能够让参与者勇于亮出自己的想法,不害怕同伴或同事的评判。练习的重点是支持相互的想法,而不是完全沉浸在自己的想法中。

9. 练习:情绪选择

设定:将小组两两组合,每对搭档就任何话题展开交谈。在参与者进行交谈的时候,导师开始在不同的时点大声布置不同种类的情绪。一旦布置了某种情绪,每对搭档必须继续他们的交谈,但是交谈要以该种情绪为基调。

关注要点:这个练习可以教参与者如何更好地处理变化,如何与同伴更有效地交流。

10. 练习:跟随追随者

设定:让小组围坐成一个圈。根据提示,每个人要做出动作、发出声音。但是与此同时,他们也要模仿圈组中别的成员的动作和声音。

关注要点:关注团队中别的成员,这样团队才能最终像一个整体一样工作。

11. 练习:谁是领导者?

设定:让小组站成一个圈,其中一名成员站在圈子中间,闭上眼睛。接着,其余成员悄悄地选出一个人作为领导者。随后,圈组成员开始缓慢地、静悄悄地模仿领导者的肢体语言或者动作。站在中间的成员睁开眼睛后,要找出圈组中谁是领导者。

关注要点:观察力。

12. 练习:安静的组织

设定:让小组成员按照自己的生日从大到小排成一列。他们可以使用眼神、声响、手势等相互交流,但是不能说话。你可以逐渐增加场景的难度,让他们重复这项练习。

关注要点:这项练习可以帮助参与者进行更深层次、更加有效的交流和观察,尤其是在组织一群人完成某项任务的时候。

13. 练习:珍珠链

设定:让小组面朝前方排成一列。按照从左到右的顺序,给第一位成员对话的第一句(任意内容),给最后一位成员对话的最后一句。

第一位成员说出第一句话后,随后的成员要依次即兴创作一句对话,直至最后一位成员说出给定的最后一句话——整个对话要尽可能地按逻辑发展。

关注要点:这项练习可以很好地教会参与者在开口说话前,要更加仔细地倾听,更加认真地思考别人所说的内容。

14. 练习:重复

设定:将你的小组两两组合。每对搭档或坐或站,面朝对方。让各对搭档进行对话,一次说一句。人物 1 用一句话开始对话(任何内容),而人物 2 进行回答之前,必须先重复人物 1 所说的内容。整场对话按此方式继续。

关注要点:这项练习帮助参与者学会在构造或表达自己的意见之前,要集中注意力完整地听完别人的想法。

基本指导:

导师:"人物 1,请用任何一句话开始你和人物 2 的对话。"

人物 1:"这个新来的老板真的很懂怎么穿衣服。"

人物 2:"这个新来的老板真的很懂怎么穿衣服,她让穿着牛仔裤的我觉得好羞愧。"

15. 练习:末尾单词回应

设定:将小组两两组合。与"重复"练习一样,每对搭档就任何话题进行对话,一次说一句。但是,在这项练习中,后一位说话者无需重复前一位说话者的整句话,只须重复前一句话中的最后一个单词。

关注要点:类似"末尾单词回应"的练习很好地证明了我们在与同事的日常交流中是多么糟糕的倾听者。

基本指导：

导师："人物1,请用任何一句话开始你和人物2的对话。"

人物1："无论我怎么做,我总是考不好我的数学测验。"

人物2："测验。如果你愿意的话,下次我和你一起学习。"

16. 练习:触碰后才交谈,眼神交流后才说话

设定:将小组两两组合,让每对搭档进行对话。但是,每位成员在说话前,必须先和对方做肢体交流或者强烈的眼神交流。

关注要点:这项练习表明了人们"需要"一个搭档才能交谈,这为真实的交流打下了基础。

17. 练习:胡扯

设定:从团队中选取三名成员,让其中两名成员用纯属乱编的单词和声音进行对话,让第三名成员向其余团队成员"翻译"另两名成员的对话。之后,三名成员更换角色,重复练习。

关注要点:让参与者学到,交流时的关注点不只在于语言本身。

图书在版编目（CIP）数据

创意是一场即兴演出／（美）伦纳德，（美）约顿著；
钱峰译. —杭州：浙江大学出版社，2016.7
ISBN 978-7-308-15831-2

Ⅰ.①创… Ⅱ.①伦… ②约… ③钱… Ⅲ.①企业管
理—研究 Ⅳ.①F270

中国版本图书馆 CIP 数据核字（2016）第 101000 号

书名原文：YES，AND：How Improvisation Reverses "No，But"
Thinking and Improves Creativity and Collaboration—Lessons from
The Second City，Copyright © 2015 by Kelly Leonard and Tom Yorton.
浙江省版权局著作权合同登记图字：11-2016-252

创意是一场即兴演出

[美]凯利·伦纳德(Kelly Leonard)　汤姆·约顿(Tom Yorton)著
钱　峰　译

策　　划	杭州蓝狮子文化创意有限公司
责任编辑	曲　静
责任校对	杨利军　於国娟
出版发行	浙江大学出版社
	（杭州市天目山路 148 号　邮政编码 310007）
	（网址：http://www.zjupress.com）
排　　版	杭州中大图文设计有限公司
印　　刷	杭州钱江彩色印务有限公司
开　　本	710mm×1000mm　1/16
印　　张	14.25
字　　数	178 千
版 印 次	2016 年 7 月第 1 版　2016 年 7 月第 1 次印刷
书　　号	ISBN 978-7-308-15831-2
定　　价	42.00 元